이지성의 꿈꾸는 다락방

2

이지성의

꿈꾸는 다락방 2

R=VD를 실현하는 10가지 꿈의 지침

이지성 지음

차이정원

서문을 대신하여

알라딘의 요술램프는 존재한다.

동화 속이 아닌 당신의 마음속에.

무엇을 갖고 싶은가?

어떤 사람이 되고 싶은가?

요술램프를 문지르기만 하라.

그러면 길이 열릴 테니.

안타깝게도 너무 많은 사람들이

믿는 법을 배우는 대신 의심하는 법을 배운다.

지난 인생 동안 위대한 미래를 바라보느라

눈이 부셨던 적이 얼마나 있었는가.

아마도 거의 없었을 것이다.

당신의 마음의 눈은 언제나

현재 또는 과거에 머물러 있었을 것이다.

이제 삶의 진실을 깨달아야 한다.

당신의 삶은 당신 스스로가 만든 것이다.

어쩌면 당신은 아니라고 항변할지도 모른다.

부모나 사회 또는 시대의 핑계를 댈지도 모른다.

물론 당신의 핑계에는 분명한 이유가 있다.

하지만 나는 그 핑계를 용납하고 싶지 않다.

만일 용납한다면 당신은 앞으로도

지금과 똑같이 살게 될 것이기 때문이다.

현재의 자신을 버리고 새로운 존재가 되어라.

당신이 현실에 치여 사는 삶이 아니라

위대한 꿈을 이루기 위해 태어났다는 사실을 인정하라.

지금 이 순간 꿈의 세계로 성큼 발을 내딛어라.

마음의 눈으로 위대한 미래를 바라보다가

차라리 눈멀어버려라. 영원히 눈멀어버려라.

다시는 시시한 현실을 바라볼 수 없게.

인생은 마음의 눈이 바라보는 대로 만들어진다.

갖고 싶은 것이 무엇이든

되고 싶은 사람이 누구든

만들고 싶은 미래가 어떤 것이든

마음의 도화지 위에 그림을 그려라.

언젠가 그림이 현실이 될 것이다.

서문을 대신하여 2

1952년 9월, 플로렌스는 여성 최초로 미국 카탈리나 해협을 수영으로 횡단하는 데 성공했다. 모든 조건이 최악이었다. 바람은 살을 찢을 듯이 불었고, 한 치 앞도 내다볼 수 없는 짙은 안개로 뒤덮인 바닷물은 얼음처럼 차가웠다. 상어들은 그녀의 주위로 끝없이 몰려들었다. 경호원들이 보트에서 쏘아대는 총소리를 듣고서야 상어들은 물러났다. 그 모든 악조건에도 불구하고 플로렌스는 남자 신기록을 두 시간이나 단축시키며 목적지인 캘리포니아 연안에 도착했다.

카탈리나 해협 횡단에 도전하기에 앞서 플로렌스는 캘리포니아 연안지역을 찾았다. 그러고는 그 지역의 모든 것을 마음속에 생생하게 담았다. 수영을 하는 내내 플로렌스는 자신의 마음속에 저장해둔 그림들을 VD 했다. 다름 아닌 이 VD 덕분에 카탈리나 해협 횡단을 성공적으로 마칠 수 있었다고, 그녀는 인터뷰에서 밝혔다.

그런데 플로렌스는 두 달 전, 그러니까 1952년 7월에 카탈리나 해협 횡단에 도전했다 실패했었다. 당시 그녀의 도전은 TV를 통해 전국으로 중계되었는데, 중도에 포기한 그녀를 보고 많은 사람들이 실망을 했다. 그녀는 "조금만 더 가면 목적지에 도착할 수 있었는데 왜 포기했느냐?"는 질문에 이렇게 대답했다.

"만일 육지가 보였다면 전 계속 앞으로 나갔을 거예요."

1952년 7월의 플로렌스와 같은 해 9월의 플로렌스는 동일인물이다. 그런데 7월의 플로렌스는 도전에 실패했고 9월의 플로렌스는 도전에 성공했다. 두 달이라는 시간 동안 달라진 것은 아무것도 없었다. 카탈리나 해협도, 플로렌스의 기량도 똑같았다. 달라진 것은 단 하나, VD의 유무였다.

이제 당신의 차례다.

이루고 싶은 꿈이 있다면 마음의 캔버스에 그림을 그려라.

언젠가 반드시 현실이 될 것이다.

차례

Vivid Dream = Realization

Chapter 1

다시, R=VD

꿈을 향한 태도가 중요한 이유

물이 열을 받아 수증기로 변하면
부피가 1,700배 정도 늘어난다고 한다.

나는 말하고 싶다.

지금 물 같은 인생을 살고 있는 사람도
뜨거운 꿈을 가지면
지금보다 1,700배 빛나는 삶을 살 수 있다고.

오리슨 스웨트 마든은 미국의 전설적인 자기계발서 작가다. 그는 1859년에 출간된 불멸의 자기계발서 《자조론》을 쓴 영국의 새뮤얼 스마일스를 정신적 스승으로 삼아 자조와 자립에 관한 책을 많이 출간했다.

그는 세계적인 베스트셀러 작가였는데, 《푸싱 투 더 프런트 Pushing to the Front》 같은 경우 일본에서 150만 부 이상 팔렸고, 메이지 정부에 의해 고등학교 영어 교과서로 채택되기도 했다.[1]

그는 헬렌 켈러, 헨리 포드, 존 록펠러, 앤드루 카네기처럼 존재 자체가 미국의 상징인 사람들을 인터뷰한 것으로 유명한 잡지 《석세스 매거진 Success Magazine》의 창간자이기도 했다.

발명왕 토머스 에디슨은 《석세스 매거진》과의 인터뷰에서 이렇게 말했다.

"천재란 1%의 영감과 99%의 노력으로 이루어진다는 말은 '노력'을 강조하기 위해서 한 것이 아닙니다. 1%의 영감이 없다면 99%의 노력은 아무 소용이 없다는 의미로 말한 것입니다. 그런데 내 말의 의미를 모르는 사람들이 자기들 멋대로 미화시키는 바람에 마음고생이 이만저만 아닙니다. 나까지 노력을 중시하는 사람으로 미화시킨…… 그들은 정말 생각 없는 사람들입니다."

에디슨의 말에 신선한 충격을 받은 기자가 물었다.

"1%의 영감을 가지려면 어떻게 해야 합니까?"

에디슨이 대답했다.

"자신이 가지고 있는 모든 정신적 육체적 에너지를 하나의 목표에 쏟아붓는 집중력이 필요합니다."

기자가 다시 물었다.

"집중력은 어떻게 가질 수 있습니까?"

에디슨이 단호한 목소리로 말했다.

"첫째, 좋은 동반자가 있어야 합니다. 나에게는 무조건적인 신뢰와 사랑을 보내주는 아내가 있습니다. 둘째, 상상력이 필요합니다. 자신의 일생을 건 목표를 이미 이룬 모습을 생생하게 그릴 수 있는 능력 말입니다."[2]

에디슨은 거의 평생에 걸쳐 매일 18시간 이상 일한 사람이다. 20시간 이상 일하는 날도 많았고, 며칠씩 잠을 거의 자지 않은 채 연구에 몰두하는 날도 많았다. 하지만 그는 자신의 제1 성공 요인이 노력이라고 밝힌 적이 없다. 그는 자신에게 무조건적인 사랑과 신뢰를 보내주는 아내와 VD가 자신이 발명가로 성공할 수 있었던 제1 요인이라고 고백했다.

"노력이나 재능보다 중요한 것은 생생하게 꿈꾸는 능력이다."

에디슨은 이 말의 의미를 분명하게 알고 있었다. 꿈을 이루기 위해서는 노력도 중요하고 재능도 중요하지만 그보다 더욱 중요한 것은 VD라는 사실을 명확하게 이해하고 있었다. 그 결과 에디슨은 자신이 다니던 학교에서 저능아 판정을 받고 쫓겨났던 처지에서 전 세계 교과서에 발명왕으로 올라가는 영광을 누릴 수 있었다.

어느 시대 어느 사회든 자수성가한 사람은 소수다. 다수가 아니다. 이는 곧 소수의 사고방식을 가진 사람이 성공한다는 말과 같다. "천재는 1%의 영감과 99%의 노력으로 만들어진다."는 에디슨의 말을 99%의 노력보다 중요한 것은 1%의 영감이라는 의

미로 받아들인 사람이 세상에 과연 얼마나 될까? 만일 그것을 완벽하게 이해하는 사람이 있다면 그는 에디슨 같은 성공을 거둘 수 있는 능력을 갖고 있다고 할 수 있다.

절대 다수의 사람들은 에디슨의 말을 노력을 강조한 것으로 받아들인다. 안타깝게도 바로 여기서 문제가 생긴다. 노력은 다만 영감을 실현하기 위한 방편에 불과하다는 사실을 알지 못하고 자신의 모든 에너지를 노력으로 전환하는 오류를 범하게 되는 것이다. 그 결과 그의 노력은 방향성을 상실하게 된다. 참으로 많은 사람들이 열심히 살지만 성공하는 경우는 극히 드물다는 사실이 이를 증명한다.

재능이나 노력보다 중요한 것은 영감, 즉 VD다. 재능이나 노력이 배라면 VD는 나침반이라고 할 수 있다. 최신 기술로 만들어진 고급 선박이라도 나침반이 없다면 항해를 할 수 없다. 언제나 항구에 정박하고 있을 뿐이다. 이런 배가 바다로 나가면 어떻게 될까? 아마도 열심히 전진할 것이다. 허나 바다를 가로지르지 못한다. 나침반이 없기 때문이다. 그 배가 맞이하게 될 운명은 좌초나 난파다. 이게 바로 재능과 노력은 있지만 꿈이 없는 사람이 맞이하게 될 미래다.

대양을 건너 다른 대륙으로 가고 싶다면 무엇보다 먼저 올바

르게 작동하는 나침반을 가져야 한다. 선박의 기종이 최신식인지 아닌지는 차후의 일이다. 인생이라는 바다를 건너는 일도 마찬가지다. 재능을 갈고닦기에 앞서, 광적인 노력을 기울이기에 앞서 먼저 꿈을 가져야 한다. 그리고 그 꿈을 생생하게 그리는 습관을 들여야 한다. "천재는 1%의 영감과 99%의 노력으로 이루어진다."는 말의 의미를 에디슨의 시각에서 이해하고 받아들여 삶에 적용해야 한다.

물 위에 뜨는 기름처럼 평범한 사람들과 전혀 다른 사고방식으로 무장하라. 꿈을 이루는 데 가장 중요한 요소는 돈도, 학벌도, 인맥도 아니라는 사실을 마음으로 깨달아라. 자수성가하기 위해서는 무엇보다 자수성가한 사람들의 사고방식을 가져야 한다는 사실을 이해하라. 그리고 그 깨달음을 실천하라.

기억하라.

R=VD 공식을 성공자의 시각에서 바라보고 이해하는 순간, 당신의 성공은 시작된다.

꿈을 믿는 순간들이 모여 성공을 이루어낸다

쿠엔틴 타란티노 감독이 경의를 표한다는 세르조 레오네 감독의 〈원스 어폰 어 타임 인 아메리카Once Upon a Time in America〉에 출연한 배우 제임스 우즈. 그는 영화 DVD 배우 인터뷰에서 세르조 레오네 감독을 회고하며 말했다.

"로버트 드니로가 감옥에서 나오는 장면을 찍을 때였어요. 세르조 레오네는 거대한 트레인에 앉아서 와이드 샷으로 거리를 찍고 저와 로버트 드니로를 클로즈업하려고 했어요. 그런데 중간에 비가 오는 것을 원했어요. 샷이 너무 넓어서 촬영에 필요한 비를 만들 수 없었기 때문에 하늘에서 진짜 비가 내리기를 무작정 기다릴 수밖에 없었어요. 그때 세르조 레오네가 비가 올 거라고 했어요. 그러면서 덧붙이기를 하나님께서 필요한 비를 주실 거라고, 자신이 굳게 믿고 있으니까 비가 올 거라고 했어요. 그것도 자신이 '액션!' 하고 외치면 비가 내릴 거라고요. 정말 황당한 이야기였지요. 저는 도무지 믿음이 가지 않았어요. 그런데 깜짝 놀라고 말았어요. 세르조 레오네가 촬영을 시작하자 진짜로 비가 내렸기 때문이죠."

이 실화에서 중요한 것은 비가 왔다는 사실이 아니라 세르조 레오네의 태도라고 생각한다. 자신이 꿈꾸는 것이 반드시 이루어진다고 믿고 주변 사람들에게 아무렇지 않게 이야기할 수 있는, 일견 황당해보이기까지 하는 세르조 레오네의 꿈을 향한 태도 말이다.

세르조 레오네는 영화감독으로서 최고의 성공을 거둔 인물이다. 그는 영화감독으로서의 미래를 꿈꿀 때도 촬영장에서 비를 기다릴 때처럼 했을 것이다. 자신이 "성공!" 하고 외치면 마치 무슨 선물처럼 성공이 찾아오리라 믿었을 것이다.

세르조 레오네처럼 거대한 성공을 거둔 사람들을 직접 만나거나 그들에 관한 이야기를 읽을 때마다 느끼는 게 있다. 그들에게는 평범한 사람은 도저히 따라가지 못할 확신이 있다. 자신이 손대는 일은 무조건 대성공을 거둔다는, 일견 터무니없어 보이는 신념이 있다. 놀라운 사실은 그들의 확신과 신념이 현실이 되는 일이 많다는 것이다.

성공을 해본 경험이 없는 사람일수록 R=VD 공식을 의심하는 경우가 많다. 실제로 나는 R=VD 공식을 믿기 어렵다는 식의 메일을 간혹 받는데 그런 메일을 보낸 사람 중에 자수성가한 사람은 한 명도 없다. 반면 자수성가한 사람일수록 R=VD 공식에 열광한다. 그들은 꿈에 관한 책을 수백 수천 권씩 구매해서 임직원들에게 선물하고, 독서토론 대회를 열고, 저자를 초청해서 특강을 듣는다. 심지어는 언론 인터뷰를 하면서 성공을 꿈꾸는 사람이라면 반드시 읽어야 할 책으로 추천하기도 한다. 그들은 경험으로 알고 있는 것이다. 성공하기 위해서는 무엇보다 성공을 생생하게 꿈꾸는 능력을 가져야 함을.

만일 당신이 세르조 레오네 같은 성공을 거두고 싶다면 세르조 레오네 같은 사고방식을 갖는 것부터 시작해야 한다. 거기서 더 나아가 세르조 레오네 이상의 성공을 거두고 싶다면 세르조 레오네 이상의 사고방식을 갖는 것부터 시작해야 한다.

사고방식이 행동을 결정하고, 행동이 결과를 만들어낸다. 당신은 어떤 사고방식을 가지고 있는가? 만일 당신의 현실(결과)이 마음에 들지 않는다면 이는 당신이 그런 결과를 얻을 수밖에 없는 행동을 해왔기 때문이다. 그리고 그런 행동을 할 수밖에 없는 생각을 하며 살아왔기 때문이다. 즉 당신이 현실을 바꾸고 싶다면 사고방식부터 바꾸어야 한다. 그러면 저절로 행동이 변화되고, 이 새로운 행동들이 쌓여 새로운 인생을 만든다.

R=VD 공식을 실천하면 자연스럽게 성공자의 사고방식을 갖게 된다. 꿈꾸기조차 두려워하는 소극적이고 나약한 삶에서 벗어나 열정적으로 꿈을 꾸고, 그 꿈을 이루기 위해 치열하게 노력하는 삶을 살게 된다. 사소한 장애물 앞에서도 그저 고개 떨구고 주저앉기 바빴던 사람에서 거대한 장애물을 만날수록 오히려 힘이 나는 사람으로 변화한다. 이런 특별한 순간들이 모여 성공을 만

들어냄은 두말할 필요조차 없다.

성공을 꿈꾼다면, 지금 당장 R=VD 공식을 실천하라.

세르조 레오네처럼 당신의 꿈을 VD 하라.

'Realization'을 경험하게 될 것이다.

꿈꾸라, 생생하게 꿈꾸라

전설적인 공중 줄타기 곡예사 샤를 블롱댕이 나이아가라 폭포를 건널 때의 이야기다. 블롱댕은 나이아가라 폭포 위에 설치된 쇠줄 위를 장대 하나 들고 횡단할 예정이었다. 안전장치 같은 것은 없었다. 만일 한 발짝이라도 헛디딘다면 그대로 추락해서 폭포 속으로 사라질 운명이었다. 목숨을 건 줄타기 곡예였다.

관중들이 구름처럼 몰려들었고 세기의 도전이 시작되었다. 관중들의 뜨거운 박수를 받으며 등장한 블롱댕은 쇠줄 위에 한 발을 턱 올려놓더니 물었다.

"여러분, 800미터가 넘는 이 쇠줄 위를 제가 무사히 건널 수 있다고 믿습니까?"

"블롱댕, 바로 당신이 할 수 있습니다. 아니 당신만이 할 수 있습니다."

그동안 블롱댕의 성공적인 공중 줄타기 곡예를 보아온 관중들의 대답이 하늘을 찔렀다.

블롱댕은 나이아가라 폭포를 가로지른 쇠줄 위를 여유롭게 걸어갔고, 횡단에 성공했다. 관중들의 흥분이 채 가라앉기도 전에 그는 물었다.

"여러분, 이번에는 두 눈을 가리고 도전하려고 합니다. 어떻습니까? 제가 성공할 수 있을 것 같습니까?"

이번에도 관중들의 열화와 같은 화답이 있었고, 안대를 착용한 블롱댕은 800미터가 넘는 쇠줄 위를 걸어서 나이아가라 폭포를 건넜다. 그러자 관중들이 난리가 났다. 그들은 블롱댕을 왕이라도 삼을 태세였다. 블롱댕은 관중들의 시야에서 사라지더니 이내 외발자전거를 들고 나타났다. 그러고는 물었다.

"여러분, 이번에는 자전거를 타고 이 쇠줄 위를 건너려고 합니다. 제가 할 수 있다고 믿습니까?"

관중들은 블롱댕을 위해 마치 목숨이라도 내어줄 것처럼 반응했고, 블롱댕은 거짓말처럼 나이아가라 폭포 횡단에 성공했다. 그것도 자전거를 타고서. 관중들의 흥분은 극에 달했다. 기절하는 사람이 속출할 정도였다. 블롱댕은 이번에도 관중들의 시야에서 잠시 사라졌다. 그러더니 외바퀴 수레를 들고 나타났다. 블롱댕이 물었다.

"여러분, 제가 이 수레를 밀면서 저 나이아가라 폭포를 건널 수 있다고 믿습니까?"

"믿습니다, 믿습니다. 우리는 블롱댕 당신을 믿습니다!"

관중들이 목에 핏대를 세우며 화답했다. 블롱댕을 향한 믿음이 얼마나 강렬했던지 그들의 함성은 폭포 소리마저 잠재울 정도였다.

블롱댕이 관중들을 조용히 시키더니 다시 물었다.

"그럼 제가 여기에 여러분 중 한 사람을 태우고 폭포를 건널 수 있다고 믿습니까?"

"다른 사람은 몰라도 블롱댕, 당신은 할 수 있습니다. 우리는 당신을 믿습니다."

다시 한 번 지축을 뒤흔들 만한 목소리가 들려왔다.

관객들의 믿음을 확인한 블롱댕이 활짝 웃으며 제안했다.

"좋습니다. 그렇다면 아무나 이 수레 위에 올라타십시오. 제가 저쪽 폭포 끝에 안전하게 모셔다 드리겠습니다."

관객들의 얼굴에서 흥분이 사라졌다. 미소도 사라졌다. 다들 쥐 죽은 듯이 입을 다물고 있을 뿐이었다. 그날, 블롱댕의 수레에 올라탄 사람은 없었다. 결국 블롱댕은 홀로 수레를 밀며 나이아가라 폭포를 건너야 했다. 블롱댕의 마지막 도전 역시 성공했다.

나이아가라 폭포에 모였던 군중들은 모두 바람Hope을 가졌다. 블롱댕이 수레 위에 누군가를 태우고 800미터가 넘는 쇠줄 위를 안전하게 건너는 바람Hope을 말이다. 하지만 막상 블롱댕이 수레에 타라고 하자 아무도 나서지 않았다.

만일 그들이 '단순한 바람Hope'이 아닌 '생생한 꿈Vivid Dream'을 가졌다면, 블롱댕의 수레를 타고 나이아가라 폭포 저쪽 끝에 도달한 자신의 모습을 생생하게 그렸다면, 마음속의 그림을 1%의 의심 없이 믿었다면 블롱댕의 수레를 서로 타겠다며 앞다투어 자원했을 것이다. 그리고 실제로 자신의 꿈이 이루어지는 것을 경험했을 것이다.

언제나 꿈처럼 아름답기를

미국의 올랜도에 위치한 디즈니랜드사에는 이런 말이 새겨져 있다고 한다.

"If you can dream it, you can do it!"

플로리다에서 디즈니랜드가 개장했을 때의 일이다. 월트 디즈니는 개장 행사에 참석할 수 없었다. 몇 년 전에 세상을 떠났기 때문이다. 많은 사람들이 디즈니의 부재를 아쉬워했다. 그래서 그의 부인인 릴리언 디즈니에게 말하곤 했다.

"그가 지금껏 살아 있었더라면 얼마나 좋았을까요? 이토록 멋진 꿈의 공간을 마음껏 볼 수 있었을 텐데……."

그때마다 릴리언 디즈니는 미소를 지으며 이렇게 대답했다고 한다.

"걱정 마세요. 그는 우리보다 먼저 보고 떠났답니다."

《꿈꾸는 다락방》 1편에서도 인상적으로 설명했지만 월트 디즈니의 성공 이야기는 R=VD 이야기다. 그는 매일 아침 디즈니사의 전 직원과 함께 무슨 의식을 치르듯이 검지를 관자놀이에 대고, "내 상상력이 내 현실을 만든다!"라고 소리친 것으로 유명하다. 알다시피 그의 상상은 대부분 현실이 되었다.

세계 최초로 세계 최고의 놀이공원 디즈니랜드를 설립하는 것을 꿈꿀 때도 마찬가지였다. 그는 먼저 VD부터 시작했고, 언제나 VD를 했고, 세상을 떠나는 그 순간에도 VD를 했다. 그토록 간절한 염원이 있었기에 그가 사망한 뒤에도 디즈니랜드 설립 공사는 순조롭게 진행되었고 아무런 탈 없이 개장할 수 있었다.

먼 후일 이 세상을 떠나게 될 때 당신은 세상에 무엇을 남기고 갈 것인가?

나는 당신이 월트 디즈니처럼 꿈을 남기고 가기를 바란다. 너무도 강렬하고 생생해서 주변 사람 모두를 전염시키는 그런 꿈을 유산으로 남기기를 바란다.

월트 디즈니가 마지막까지 뜨겁게 꾸었던 꿈이 세상의 모든 가족들에게 행복을 선물하는 디즈니랜드였던 것처럼, 당신이 숨을 멈추는 그 순간까지 꾸게 되는 그 꿈이 세상을 보다 행복하게 만드는 아름다운 것이 되기를…….

마음의 캔버스에 꿈을 그려라

G는 스물두 살 때 초등학교 교사의 꿈을 가졌다. 그런데 현실은 막막하기만 했다. 초등학교 교사가 되려면 교대에 편입하는 방법밖에 없었는데, 당시 편입 전형대로라면 그녀는 절대로 합격할 수 없었기 때문이다. 하지만 그녀는 교대에 편입해서 초등학교 교사가 되기로 했다. 그녀는 컴퓨터의 바탕화면을 편입하고자 하는 교대로 바꾸었다. 인터넷 시작 페이지도 그 교대 홈페이지로 설정했다. 그리고 그 교대의 학생이 된 자신의 모습을 생생하게 꿈꾸었다. 그러자 놀라운 일이 벌어졌다. 그녀가 응시한 해에 편입 전형이 바뀌었다. 그녀는 지금 초등학교에서 아이들을 가르

치고 있다.

K는 영국 최고의 미술대학 중 하나인 런던 미대를 졸업했다. 겉으로만 보면 그녀의 삶은 화려하기 이를 데 없다. 하지만 그녀에게도 힘겨운 시절이 있었다. 마치 어둠으로 가득 찬 고치에 갇힌 것처럼 슬픈 날들이 있었다. 그녀에게는 화가라는 참으로 멋진 꿈이 있었지만 사람들은 그 꿈을 무시하고 비웃고 비난까지 했기 때문이다. 한때는 심한 따돌림까지 받았다. 눈물로 보내기에도 부족한 세월이었지만 그녀는 우는 대신 미소 짓기로 했다. 그리고 사랑과 감사로 가득 찬 마음으로 꿈을 향해 걸어갔다. 그녀는 지금 더 큰 꿈을 꾸고 있다.

C는 내 홈페이지에 이런 글을 남긴 적이 있다.

"저는 지난 1년 동안 다음과 같은 성과를 올렸습니다. 하나, 중소기업청 창업 도전기 영상공모전에 도전해 대상을 수상했습니다. 둘, 환경관리공단 환경홍보전에 응모해 은상을 수상했습니다. 셋, KBS 〈전국노래자랑〉에 나가 인기상을 받았습니다. 넷, 보건복지부 절주 영상공모전에서 장려상을 받았습니다. 다섯, 이외에도 11개의 공모전에 도전해 수상을 했고 상금을 받았습니다. 그렇다고 제가 어떤 특별한 재능을 가진 것은 아닙니다. 저는 다만《꿈꾸는 다락방》을 읽고 용기를 얻어 도전했을 뿐입니다. 그런데 놀랍게도 평균 경쟁률 200 : 1이 넘는 각종 공모전에서 좋은 성적을 올리게 되었습니다. 아, 더 멋진 꿈도 이루었습니다. 남자 친구가 생겼습니다. 제가 그토록 꿈꾸어온, 저를 깊이 이해해주고 사랑해주는 사람을 만났답니다. 저는 요즘 더 이상 꿈꿀 게 없다 싶을 정도로 행복하게 살고 있습니다."

만일 당신이 꿈을 포기해야 할 때 오히려 더욱 뜨겁게 꿈을 꿀 수 있다면, 꿈 때문에 고통 받을 때 눈물 흘리는 대신 미소 지을 수 있다면 언젠가 당신은 더 이상 꿈꿀 필요가 없는 행복한 미래를 만나게 된다.

세 사람의 이야기가 주는 교훈은 하나다.

마음의 캔버스에 그린 그림은 언젠가 반드시 현실이 된다.

누구에게나 특별한 순간은 찾아온다.

그가 이 땅에 태어나던 순간처럼.

– 윈스턴 처칠 –

Vivid Dream = Realization

Chapter 2

꿈, Vivid Dream

꿈은 저절로 주어지지 않는다

석탄과 다이아몬드는 똑같이 탄소로 이루어져 있다.
탄소가 열과 압력을 받아 변화된 존재가 바로 다이아몬드다.

나는 말하고 싶다.
시커먼 석탄 같은 삶에서
빛나는 다이아몬드의 삶으로 옮겨가고 싶다면
꿈을 실천하라.

정신과 육체의 한계를 하루에도 열 번씩 뛰어넘어라.
이러다 죽는 것 아닐까 하는 생각이 들 정도로 뜨겁게 살아라.
내 능력으로는 도저히 넘을 수 없다고 느껴지는 벽 앞에서
포기하는 대신 죽음을 각오하고 돌진할 때
내면 깊은 곳에서 갑자기 솟아나는 신비한 빛을 경험하라.

매일 매 순간 꿈을 추구하다 보면
당신의 삶은 온통 열과 압력으로 가득할 것이다.
가슴속의 뜨거운 꿈이 내뿜는 열기와
당신의 꿈을 억누르는 세상의 현실이라는 압력,
그 괴리를 참고 견뎌라.

당신의 꿈이 이루어지는 그날까지
생생하게 꿈꾸며 꿈을 실천하라.
어느 날 세상을 비추고 있는 자신을 발견하게 될 것이다.

미국에서 연기 공부를 하는 한국인 여대생이 있다. 그녀의 꿈은 당연히 배우가 되는 것이다. 그것도 미국인들에게 큰 사랑을 받는. 물론 현실적으로 볼 때 그녀의 꿈은 불가능에 가깝다. 미국이 어떤 곳인가? 대배우 성룡조차도 무려 20년 넘게 준비해서 겨우 진출한 곳이다. 그런데 놀랍게도 여대생은 결혼하기 전에 자신의 꿈을 이루겠다고 말한다.

여대생의 집은 뉴욕에 있다. 근처에 러셀 크로, 브리트니 스피어스, 마돈나 같은 스타들을 초청해 토크쇼를 하는 〈데이비드 레터먼 쇼Late Show with David Letterman〉 스튜디오가 있다. 여자는 스튜디오를 지나갈 때마다 생생하게 꿈을 꾼다. 유명한 배우가 되어 그 쇼에 초청받는 자신의 모습을, 자신을 보러온 수많은 방청객에게 사인을 해주는 광경을.

당신은 이 여대생에 대해 어떻게 생각하는가? 그리고 만일 당신이 이 여대생에게 익명으로 어떤 말을 해줄 수 있다면 뭐라고 말해주고 싶은가?

얼굴에 환한 미소를 띠며, "당신은 정말 멋진 사람이군요. 그래요, 생생하게 꿈꾸면 이루어지지요. 당신과 친구가 되고 싶어요. 내 친구 목록에 세계적인 배우가 추가된다니, 정말 가슴 두근거리는 일이군요."

이렇게 말할 것인가?

아니면 신중한 얼굴로, "꿈을 꾸는 것은 좋지만 무엇보다 실현 가능한 꿈을 꾸어야 하지 않을까요? 여대생, 당신은 일단 오디션부터 합격해야 하지 않을까요?"

이렇게 말할 것인가?

그것도 아니면 코웃음 치면서, "미친 소리 하고 있네. 당신이 할리우드 배우가 된다면 세상에 성공하지 못할 사람 아무도 없겠어요. 누군들 꿈을 이루고 싶지 않아서 이렇게 사나요? 세상을 아주 우습게 보고 있어요. 아주!"

이렇게 말할 것인가?

결론부터 말하고 싶다.

여대생의 꿈은 이루어졌다. 그리고 당신은 그녀가 누구인지 알고 있다. 미국 드라마 〈로스트Lost〉의 배우 김윤진이다.

내 안의 거인을 깨우는 방법

많은 사람들이 '바람(편의상 Hope라고 칭하겠다)'을 '꿈'과 혼동하고 있다.

바람은 단순한 소망이다. 바람은 흔히 "~가 되고 싶다."라는 말로 표현된다.

꿈은 결단이다. 꿈은 "나는 반드시 ~가 되고야 말겠다!"라는 단어으로 표현된다.

바람은 이루어지지 않는다. 하지만 꿈은 반드시 이루어진다.

'바람Hope'이 이루어지지 않은 것은 '바람Wind' 같은 것이기 때문이다. 바람Wind처럼 찾아왔다가 바람Wind처럼 가버리는 것이기 때문이다.

우리의 마음속에는 바람Hope이 수시로 찾아온다. 아무리 무감각한 사람일지라도 '나도 저런 삶을 살고 싶다.'라든가 '나도 저렇게 살아봤으면…….' 하는 마음을 갖는다는 의미다.

하지만 그때뿐이다. 짧게는 몇 시간 길게는 몇 년이 지나면 그런 바람은 흔적도 없이 사라져 있다. 바람[Wind]처럼 가버린 것이다.

바람을 이루고 싶다면 꿈으로 전환해야 한다. 바람은 저절로 주어지는 것이지만 꿈은 만드는 것이기 때문이다.

혹시 이루고 싶은 어떤 바람이 있는가? 그렇다면 지금 마음의 손을 뻗어 그 바람을 붙잡아라. 그리고 이미 바람을 이룬 나의 모습을 생생한 그림으로 만들어서 마음 깊은 곳에 저장해두어라.

이렇게 했는가?

그렇다면 당신은 꿈을 만든 것이다.

마음의 눈을 들어 꿈을 바라보라. 바람을 꿈으로 전환했다면 마음의 눈으로 그 그림을 바라보라. 당신의 온 마음을 다해서 그렇게 하라.

어떤가? 가슴 깊은 곳에서 뭔가가 꿈틀하는가?

행복하고 소중하기 이를 데 없는 어떤 감정이 끝없이 솟아나는가?

오래지 않아 당신의 인생이 송두리째 바뀔 것만 같은 놀라운 예감이 드는가?

꿈 없이 살아온 지난 세월이 이루 말할 수 없이 안타까우면서 동시에 앞으로 펼쳐질 삶이 너무도 소중해 무릎이라도 꿇고 싶은가? 하나님께 감사를 표하기 위해서 말이다.

만일 그렇지 않다면 다시 온 마음을 다해 꿈을 바라보라.

꿈을 믿어라.

꿈을 만져라.

꿈을 호흡하라.

도대체 언제까지 지금처럼 살 것인가? 이젠 좀 다른 인생을 살아봐야 하지 않겠는가?

현실 대신 꿈을 살아봐야 하지 않겠는가? 하여 먼 후일 "내 꿈은 이루어졌노라!" 하고 말하는 인생을 살아야 하지 않겠는가?

당신과 비슷한, 아니 당신보다 못한 사람들도 꿈을 믿고 끝까지 전진해서 새로운 인생을 여는데, 당신은 더 큰 꿈을 꾸고 더 멋진 인생을 만들어야 하지 않겠는가?

그러니 진심에 진심만을 담아서 꿈을 바라보라. 마음이 변해야 인생이 변한다.

마음을 변화시켰다면 이제 머리와 몸을 움직여라.

당신이 추구하는 꿈을 실제로 이룬 사람들의 이야기를 탐욕스러울 정도로 찾아 읽어라. 그들의 사고방식, 행동 습관, 인간관계를 중점적으로 파고들어라. 그들이 가진 긍정적인 무언가를 전부 당신의 것으로 만들어라. 그리고 그들보다 더 열심히 살아라.

셀 수 없이 많은 시련이 당신을 찾아올 것이다. 눈가에서 흐르는 눈물이 두 뺨을 철철 적실 정도로 슬프기 이를 데 없는 날들이 있을 것이다. 모든 걸 다 내던지고 어디론가 사라져버리고 싶은 날들도 있을 것이다. 어쩌면 그냥 죽어버리고만 싶은 날들도 있을 것이다.

그때마다 마음의 눈을 들어 가슴 깊은 곳에서 빛나고 있는 꿈을 바라보라. 이미 꿈을 이룬 당신의 눈부신 모습을 생생하게 꿈꾸어라.

그때마다 당신은 깨닫게 될 것이다. 그 단순한 행위가 당신 안에 잠들어 있는 거인을 깨운다는 사실을.

마음의 눈을 들고 바라볼 것

메리 케이 애시는 어려운 가정 형편 때문에 대학에 진학하지 못하고 서둘러 결혼했다. 그러나 남편에게 사랑받지 못했다. 어느 날 남편은 이혼을 요구했고 두 사람은 이혼 서류에 사인을 했다. 하지만 그녀는 슬픔에 빠질 겨를조차 없었다. 한창 자라나는 세 아이를 먹여살려야 했기 때문이다. 그녀는 세일즈우먼이 되었다.

영업사원이 되고 3주쯤 지났을 때 연례회의가 열렸다. 회의 막바지에 그녀는 두 눈이 휘둥그레지는 광경을 만나게 되었다.

한 여자가 온 회사 사람들의 박수갈채를 받으며 단상에 오르더니 CEO로부터 명품 핸드백을 선물 받는 게 아닌가. 게다가 그녀는 온몸에 호화로운 드레스를 휘감고 머리에는 왕관까지 쓰고 있었다. 알고 보니 그해 최우수 영업사원으로 선정된 사람이었다.

순간 메리 케이 애시는 마음속으로 찌릿한 감정을 느끼며 자기도 모르게 혼잣말을 했다.

"나도 저 자리에 오르고 싶다!"

그녀에게 바람[Hope]이 생긴 순간이었다.

메리 케이 애시는 바람[Hope]이 바람[Wind]처럼 날아가게 내버려두지 않았다. 바람[Hope]을 꿈[Dream]으로 만들었다.

그녀는 이미 최우수 영업사원이 된 자신의 모습을 생생한 그림으로 만들어 마음 깊은 곳에 저장했다. 그러고는 매일 마음의 눈을 들어 그 그림을 바라보았다.

한편으로 그녀는 CEO를 찾아가 이렇게 선언했다.

"사장님, 내년에는 제가 반드시 세일즈퀸의 자리에 오를 것입니다!"

메리 케이 애시는 본래 이렇게 적극적인 여자가 아니었다. 만일 그랬다면 스스로 돈을 벌어서 대학에 진학했을 것이다. 그러나 알다시피 그녀는 현실에 순응해 대학 대신 결혼을 선택했다.

VD는 그녀의 모든 것을 바꾸었다. 이미 세일즈퀸이 된 자신의 모습이 눈앞에서 생생하게 살아 움직이는데 어떻게 소극적일 수 있다는 말인가.

그녀는 신념에 차서 매일 매 순간 스스로에게 "나는 세일즈퀸이다!"라고 선언했고, 동료와 상사들에게 똑같이 선언했고, 그도 모자라 사장실까지 쳐들어간 것이다. 입사한 지 몇 달도 안 된, 평생 물건이라고는 단 한 개도 팔아본 적이 없는 여자가 말이다.

한편으로 메리 케이 애시는 세일즈퀸을 열성적으로 좇아다니며 그녀의 모든 것을 배웠다. 구매를 머뭇거리는 고객을 뜨겁게 설득하고, 냉정하게 거절하는 고객을 오히려 친구로 만들고, 어떤 고객이든 받들고 사랑해서 자신의 팬으로 만들어버리는 노하우를 하나부터 열까지 모두 다 배웠다. 메리 케이 애시는 이듬해에 세일즈퀸의 자리에 올랐다.

후일 고작 9명의 직원들과 '메리 케이 뷰티 코스메틱'을 설립했을 때도 마찬가지였다. 그녀는 자신의 회사가 전 세계로 뻗어나가는 그림을 그렸다. 그리고 그 그림을 직원들과 공유했다. 그들은 R=VD 공식을 실천하는 일로 업무를 시작했고 하루 평균

16~18시간 일했다. 그러자 2년 만에 직원이 200명 넘게 늘어났다. 무려 20배 넘는 성장을 한 것이다.

메리 케이 애시는 200명 넘는 직원들에게 R=VD 공식을 가르쳤다. 그들은 마음을 하나로 모아 위대한 미래를 그렸다. 약 30년 후 '메리 케이 뷰티 코스메틱'은 160여만 명의 뷰티 컨설턴트를 가진 기업으로 성장했다. 현재 그녀가 세운 회사는 세계 40여 개국에 진출해 있다.

메리 케이 애시처럼 꿈꿔라.

당신의 마음속에 찾아오는 바람Hope을 붙잡아 꿈Dream으로 전환하라.

매일 매 순간 마음의 눈을 들어 그 꿈을 생생하게 바라보라.

머리와 몸을 움직여라. 꿈이 현실이 될 것이다.

어쩌면 겨우 1미터만큼의 거리

Vivid생생하게란 현실과 상상을 구분할 수 없을 정도의 경지를 말한다. 여기에 대해서는 《꿈꾸는 다락방》 1편에서 상세하게 설명했으니 생략하겠다. 참고로 《꿈꾸는 다락방》에 소개되어 있는 VD 기법들은 R=VD의 'V'를 만족시키기 위한 것이다.

그렇다면 우리는 언제까지 생생하게 꿈꿔야 할까? 당연히 꿈이 이루어질 때까지다.

미국에서 있었던 일이다.

어느 날 더비라는 사람의 마음속에 그림 하나가 선명하게 그려졌다. 더비는 그 그림 속에서 어마어마한 분량의 금이 묻힌 금광을 발견하고 환호성을 지르고 있었다.

주위 사람들은 모두 더비의 꿈이 말도 안 된다고 이야기했다. 그러나 더비는 귀담아듣지 않았다. 더비는 매일 마음의 눈으로 꿈을 생생하게 바라보았다. 마침내 꿈에 취해 현실을 잊은 더비는 모든 것을 버리고 서부로 떠났다.

하지만 서부는 호락호락하지 않았다. 금광은 발견될 기미조차 보이지 않았다. 더비는 지치기 시작했고 마음속의 그림을 부정하기에 이르렀다. 마침내 더비는 광산을 헐값에 팔아넘기고 고향으로 돌아갔다.

몇 달 후 더비는 청천벽력 같은 소식을 들었다. 자신이 팔아넘긴 광산에서 수백억 원대의 금이 발견되었다는 것이다. 놀랍게도 금맥은 더비가 채굴을 포기했던 지점으로부터 정확히 1미터 아래에 위치하고 있었다.

이 이야기를 더비의 불행으로만 이해해서는 안 된다. 이 이야기는 우리 모두에게 동일하게 적용되는 것이다.

세상에는 그토록 피땀 흘려 노력했으면서 마지막 순간에 포기해서 그 모든 수고를 물거품으로 만들어버리는 사람들이 얼마나 많은가.

한 번만 더 자신의 꿈을 믿었다면, 한 번만 더 생생하게 꿈꾸었다면 꿈의 주인공이 될 수 있었을 텐데, 그것을 못해서 비참한 현실의 나락으로 떨어져버린 사람들이 얼마나 많은가.

일단 한번 꿈을 정했다면 무슨 일이 있어도 그 꿈을 포기하지 마라.

아니, 꿈을 추구하는 것 때문에 나쁜 일만 생겨도, 심지어는 인생 밑바닥으로 떨어져도 오히려 더욱 뜨겁게 꿈꿔라. 그런 사람만이 하늘을 감동시킬 수 있고 인생에 기적을 불러들일 수 있다.

잠시 지난 인생을 돌아보라.

가슴 뜨거운 순간을 살았던 적이 도대체 몇 번이나 되는가?

내 안에 숨겨진 놀라운 힘을 발견하고 무한한 자부심을 가진 적은 몇 번이나 있는가?

하루하루가, 아니 순간순간이 너무나 눈부시고, 너무나 소중하고, 너무나 행복하고, 너무나 감사해서 온 빰을 적시도록 눈물 흘려본 적은 얼마나 있는가?

진정 나는 살아 있노라고 외쳐본 적은 또 몇 번이나 있는가?

매일 매 순간을 눈부신 빛으로 가득 찬 삶을 살고 싶다면, 그 빛이 기적을 불러들이는 것을 경험하고 싶다면 꿈을 가져라.

그리고 그 꿈이 이루어질 때까지 생생하게 꿈꾸어라.

꿈은 이루어질 때까지 꾸는 것이다.

꿈은 언제나 어려운 길의 끝에 있다

내가 아는 어떤 사람은 취직 때문에 힘들어하고 있었다. 어느 날 그녀는 힘든 목소리로 내게 말했다.

"지난 6개월 동안 VD를 해왔지만 아무것도 변한 게 없네요. 이제 전 어떻게 해야 하는 거죠?"

나는 이렇게 대답해주었다.

"VD는 R이 될 때까지 하는 거야. 부정적인 사고방식을 버리고 꿈에 집중해봐. 그러면 길이 보일 거야."

그녀는 이내 자신의 문제점을 깨달았다. 그녀는 삶을 실패로 이끄는 나약하고 소극적인 사고방식을 버리고 "무슨 일이 있어도 나는 반드시 된다."는 성공자의 사고방식으로 무장하기 시작했다. 그리고 이루어질 때까지 꿈을 꾸기로 했다.

오래지 않아 그녀의 삶에 변화가 나타났다. 전에는 누구도 그녀를 주목하지 않았는데 갑자기 사람들이 그녀를 주목하기 시작했다. 불같은 꿈으로 무장한 그녀의 전신에서 자신감과 열정이 빛처럼 뿜어져 나왔으니 당연한 결과였다.

한 달도 못 돼서 그녀에게 연락이 왔다. 취직 시험에 당당히 합격했노라고.

'이번에도 안 되면 어떡하나?' 하며 남모르는 불안과 두려움에 사로잡힌, 뽑아봤자 나약하고 소극적인 사고방식으로 회사생활을 할 게 뻔히 보이는 뭇 응시자 가운데 '나는 무슨 일이 있어도 된다!'는 눈부신 신념을 쏟아내는 사람이 어떻게 시험관의 눈에 들지 않을 수 있겠는가. 게다가 세상이 간절히 원하는 인재는 '된다!'는 생각으로 똘똘 뭉친 사람 아니던가!

당신도 이제부터 꿈을 VD 하라. R이 될 때까지!

앞을 못 보는 사람보다 더 불행한 사람은

꿈이 없는 사람이다.

– 헬렌 켈러 –

Chapter 3

열망

행운을 잡아내는 감각에 집중하라

만일 당신에게 억만장자 마인드가 있다면
그러니까 당신이 원하는 돈이 그림의 형태로
두 눈 앞에 365일 내내 선명하게 떠올라 있다면
당신은 샐러리맨이 될 필요도 없고,
손님들에게 최고의 음식을 제공하기 위해 분투할 필요도 없다.

당신의 육안에 마치 물체처럼 생생하게 보이는 그 영상이
당신의 우주에 영향을 미쳐
단기간에 거액을 벌 수 있는 아이디어와 액션플랜을 도출해내고
실제로 당신을 부자로 만들어줄 것이기 때문이다.

– 어느 연구소의 CEO를 위한 보고서 중에서(미국) –

세상에는 두 부류의 사람이 있다. 부자인 사람과 그렇지 못한 사람(여기서 부자는 자수성가한 사람을 의미한다). 아니, 좀 더 정확하게 말하면 네 부류의 사람이 있다.

1. 부자 VD가 R이 된 사람
2. 부자 VD를 하는 사람
3. 부자 VD와는 거리가 먼 VD를 하는 사람
4. 부자 VD와 정반대의 VD를 하는 사람

첫 번째와 두 번째 부류는 '성공 VD'의 힘을 잘 알고 있다. 180도 변화된 인생을 살려면 무엇보다 뜨거운 꿈을 가져야 하고 그 꿈을 온 힘을 다해 추구해야 한다는 사실을 본능처럼 알고 있다. 반면 세 번째와 네 번째 부류는 "꿈꾸는 대로 이루어진다."는 식의 말을 들으면 이맛살을 찌푸리거나 짜증을 낸다. 그런 일은 있을 수 없다는 의미다.

《꿈꾸는 다락방》을 출간하고 많은 자수성가한 부자들을 만났다. 나는 그들 중에서 성공 VD를 부정하거나 무시한 사람은 한 명도 만나지 못했다. 한편으로 나는 사회 밑바닥에서 힘들게 살고 있는 사람들도 많이 만났다. 아니, 내가 그런 사람들이 대부분인 동네에서 홀로 오래 살았다. 나는 그들 중에 성공 VD를 열정적으로 실천하는 사람을 한 명도 만난 적이 없다.

나는 이 경험을 통해 "성공과 실패는 스스로 만드는 것이다."라는 말의 의미를 제대로 이해할 수 있었다. 자수성가한 부자들은 성공한 인생을 마음속에서부터 스스로 만들었고, 반대의 사람들은 실패한 인생을 마음속에서부터 스스로 만든 것이다. 즉 그들이 살고 있는 현실은 그들의 마음속 세계의 반영에 불과했다.

스스로의 힘으로 거대한 부를 쌓은 사람들은 돈에 대해 갖고 있는 VD 자체가 다르다. 우리나라의 한 대기업의 창업자는 생전에 입버릇처럼 이렇게 말했다고 한다.

"500억 원을 벌기는 쉽습니다. 어디에 쓰느냐가 문제지요."

그는 재벌이 되기 전에도 이런 식의 말을 입버릇처럼 했다고 한다.

일본 최고 재벌이라 불리는 소프트뱅크의 창업자 손정의가 가난뱅이 시절 입버릇처럼 했던 말이 있다.

“큰돈을 버는 것은 그리 어려운 일이 아니다.”

쉽게 말해서 두 사람은 “500억 원 정도의 큰돈을 버는 것은 쉬운 일이다.”라는 VD를 했다.

평범한 사람들은 보통 이렇게 말한다.

“돈 벌기가 어디 쉬운 일인가?”

“로또 대박이나 났으면 좋겠다.”

“만일 나에게 10억 원이 생긴다면 이러저러하게 쓸 것이다.”

이런 말을 하는 사람들의 내면세계는 대략 다음과 같다고 할 수 있다.

1. 돈 벌기는 어려운 일이기 때문에 내가 자수성가한다는 것은 불가능에 가까운 일이다.
2. 내가 큰돈을 벌 수 있는 확률은 로또 1등에 당첨되는 것과 마찬가지다.
3. 내가 10억 원을 벌게 되는 것은 ‘반드시’ 일어날 일이 아니라 ‘만일’의 일이다.

쉽게 말해서 이들의 사고방식은 앞에서 말한 대기업 창업자나 손정의 회장처럼 스스로의 힘으로 재벌이 된 사람들의 VD에 반하는 것이다.

사고방식이 행동을 결정한다. 자신이 부자가 될 수 없다고 강력하게 믿고 있는 사람들은 어떤 행동을 하게 될까? 자기도 모르게 매사에 부자가 될 수 없는 행동을 하게 된다. 그 결과 자수성가한 부자에 반하는 그들의 VD는 R이 된다. 결국 그들은 평생 돈이 없어 쩔쩔매는 삶을 산다.

자수성가한 부자들은 VD가 다르다. 그들은 세상에서 가장 쉬운 일이 정당한 방법으로 부자가 되는 것이라고 믿는다. 물론 그들이 돈을 버는 일 자체를 가볍게 여긴다는 것은 아니다. 그들은 돈을 버는 것이 얼마나 힘든 일인지 잘 알고 있다. 실제로 자신들이 피땀 흘려 돈을 벌어보았기 때문이다.

하지만 그들은 자신의 피나는 경험이 부정적인 사고방식으로 발전하는 것을 허용하지 않는다. 빈털터리로 시작한 사람이 종잣돈을 모으고, 그 돈을 굴려서 어느 정도 수준의 부를 만들고, 다시 커다란 부로 발전시키는 것이 얼마나 큰 인내를 요구하는 것인지 경험을 통해 잘 알지만 그렇다고 해서 그 고통스런 경험이 "부자가 되는 것은 정말로 어려운 일이구나!"라는 사고방식으로 연결되는 것을 허용하지 않는다는 의미다.

부자가 되는 것은 어렵다는 VD를 하는 사람이나 부자가 되는 것은 쉽다는 VD를 하는 사람이나 처음 몇 년은 비슷하게 산다. 아니, 길게는 10년 이상 큰 차이 없이 살 수도 있다. 하지만 언젠가부터 서로 간에 격차가 벌어지기 시작하고 그 격차는 후일 '부富'와 '빈貧'으로 나타난다.

사회생활을 시작할 때에는 자신과 비슷했던, 아니 많은 면에서 자신보다 뒤처졌던 사람이 어느 날 갑자기 자수성가한 부자가 되어 나타나는 것을 보고 많은 사람들이 당황스러워하고 억울해한다. 그들은 모르고 있는 것이다. 자신들이 지난 십수 년 동안 무의식적으로 부자가 될 수 없는 길을 걸어온 동안 그는 부자가 될 수 있는 길을 걸어왔다는 사실을 말이다.

베르너 폰 지멘스, 내 꿈에 포기란 없다

자신이 세계적인 거부巨富가 되는 것은 물론이고 가족과 일가친척까지 거부로 만들어주는 VD에 취한 소년이 있었다. 그는 후일 소년 시절을 회상하며 말했다.

"나는 아주 어릴 적부터 나에게 부와 권력과 명예를 안겨줄 거대한 기업의 설립자가 되는 것을 생생하게 꿈꾸고 또 꿈꾸었다."

그러나 현실은 그의 VD와는 정반대로 진행되었다. 열일곱 살에 그는 직업군인이 되었다. 집이 너무 가난했기 때문이다.

그로부터 6년 뒤 그는 더 가난해졌다. 군대에서 받는 월급은 전보다 많아졌지만 가장이었던 아버지가 갑작스레 세상을 떠나는 바람에 아홉 명이나 되는 동생들을 먹여살려야 했기 때문이다.

가난은 도무지 끝날 줄을 몰랐다. 그는 자신이 대부분의 사람들이 가는 운명의 길, 즉 나이를 먹을수록 더욱 열심히 일하지만 실제로는 더욱 가난해지는 길로 들어섰다는 사실을 절감했다. 하지만 그는 좌절하지 않았다. 자신에게는 '꿈'이라는 비장의 무기가 있다고 믿었기 때문이다.

그는 처절한 가난을 견디며 운명을 바꿀 수 있는 기회를 기다렸다. 그 기회가 언제 어떻게 올지는 몰랐다. 하지만 그는 포기하지 않고 기다렸다. 그러자 진짜로 기회가 왔다.

어느 날 그는 베를린에 위치한 포병대 작업장으로 발령받았다. 그곳에서 그는 자신을 부자로 만들어줄 기술을 갈고닦을 수 있었고, 실제로 새로운 도금 기술을 발명해서 제법 큰돈을 벌 수 있었다. 그리고 그 돈을 발판 삼아 '지멘스 운트 할스케'라는 회사를 설립할 수 있었다. 군대에 들어간 열일곱 살 때부터 13년간 생생하게 꿈꾸며 기회를 잡기 위해 기다린 결과 마침내 자신의 꿈을 펼치게 된 것이다.

그가 세운 회사는 그의 VD대로 독일 최고의 기업으로 성장했다. 그의 이름은 에른스트 베르너 폰 지멘스, 그가 세운 회사는 지멘스로 설립된 지 150년이 지난 오늘날에도 전 세계인들에게 독일을 대표하는 기업으로 인정받고 있다.

《꿈꾸는 다락방》 1편에서도 말했지만 소박한 VD는 R이 되는 데 그리 많은 시간이 걸리지 않는다. 그러나 인생을 바꾸는 수준의 VD가 R이 되는 데는 참으로 오랜 시간이 걸린다. 아니, 지멘스의 사례처럼 오히려 오랜 시간 인생이 VD와는 반대 방향으로 진행되는 경우가 많다. 그래서 많은 사람들이 중도에 꿈을 포기한다. 그리고 "해봤는데 안 되더라."라고 이야기한다.

그러나 그들은 모르고 있는 것이다. 될 때까지 안 했기 때문에 안 됐다는 사실을.

무슨 일이 있어도 꿈을 포기하지 마라.

시간에 지지 마라. 10년 혹은 20년, 30년이 걸리더라도 포기하지만 않으면 반드시 꿈은 이루어진다.

"해봤는데 안 되더라."라고 말하는 삶을 사는 것보다 "될 때까지 하면 반드시 된다."라고 말하는 삶을 사는 것이 낫다. 그러니

될 때까지 VD 하라.

반드시 가난을 정복하라.

깨끗한 방법으로 거대한 부를 이루어라.

그리고 그 부를 세상을 보다 아름다운 곳으로 만들기 위해서 쓰는 큰사람이 되어라.

레이 크록, 맥도날드라는 행운을 쥐다

소년 시절부터 거대한 부를 강렬하게 꿈꾸던 한 사람이 있었다. 하지만 현실은 만만치 않았다. 부자가 되기 위해 노력할수록 오히려 더 가난해졌다. 다음은 그가 30대 초반을 회상하며 한 말이다.

"그때 나는 고물 자동차를 몰고 시카고로 가고 있었다. 나는 빈털터리였다. 코트는 물론이고 장갑조차 살 돈이 없었다. 나는 매서운 바람이 휘몰아치는 시카고 거리를 달리고 또 달렸다. 거리는 꽁꽁 얼어붙어 있었다. 마침내 집에 도착했을 때 내 온몸은 마치 냉동인간처럼 차갑게 얼어 있었다. 나는 자기 환멸에 빠졌고, 무너져내렸다."

다행스럽게도 그는 꿈을 포기하지 않았다. 언제, 어디서, 어떤

방식으로 자신의 꿈이 이루어질지는 몰랐지만 거대한 부를 얻은 자신의 모습을 생생하게 그리며 현실에 치열하게 도전했다. 그렇게 20여 년이 흘렀다.

1954년 어느 날, 이제 52세가 된 그는 멀티믹서를 파는 세일즈맨으로 일하고 있었다. 하지만 그는 여전히 거대한 행운을 기다리고 있었다. 자신의 운명을 한순간에 바꿔줄 기회를 노리고 있었다.

"그날 밤 나는 낮에 본, 멀티믹서를 8대나 사용하던 한 가게를 진지하게 생각하고 있었다. 순간 내 머릿속에 어떤 그림이 그려졌다. 그 가게의 지점이 미국의 도시 곳곳에 점점이 뿌려지는 그림, 그 모든 지점에서 8대의 멀티믹서가 돌아가고 현금이 내 주머니 속으로 끊임없이 밀려드는 그림이었다."

그는 자신의 꿈을 꿈으로 남겨두지 않았다. 그는 꿈을 실천했다. 날이 밝자마자 그 가게로 달려가 자신의 사업 계획을 설명한 것이다. 1년 뒤 그는 시카고 근교에 첫 체인점을 열었다.

1960년, 그는 1년 동안 총 70만 달러의 수익을 올렸다. 환율 1,000원으로 계산하면 대략 7억 원이고, 오늘날 실제 가치로 환산하면 70억 원 이상의 금액이다.

5년 뒤인 1965년, 그는 1억 7천만 달러에 달하는 매상을 올렸다. 1억 7천만 달러를 환율 1,000원으로 계산하면 약 1천 7백억 원이다. 이를 오늘날의 실제 가치로 환산하면 얼마가 될까? 상상에 맡기겠다.

그리고 72세가 된 1974년, 그는 10억 달러가 넘는 매상을 올린다. 실제 가치를 따지지 않고 단순하게 환율 1,000원으로 계산하더라도 대략 1조 원이다.

'그'는 누구일까? 우리가 아는 맥도날드를 만든 레이 크록이다.

나는 레이 크록이 남긴 성공에 관한 말을 살펴보면 그가 이룩한 거대한 성공의 비결을 알 수 있다고 생각한다.

"어렸을 때 나는 부모님이 초라한 월급에 맞춰 아등바등 살림을 꾸려나가는 모습을 보았다. 나는 부자가 되기로 결심했다. 그리고 (자수성가한 사람들을 연구한 결과) 돈을 버는 유일한 방법은 거대한 행운을 움켜쥐는 것이라는 사실을 깨달았다."

"사람들은 내가 쉰두 살이 될 때까지 성공의 기회를 잡지 못하다가 하룻밤 사이에 거대한 부를 거머쥔 사실에 경탄한다. 하지만 나에게는 비즈니스 감각이 있었다는 사실을 그들은 모른다. 나에게는 몇 년씩 조용히 자기 일을 하다가 갑자기 거대한 행운을 잡아채는 감각이 있다."

"만일 당신이 어떤 일을 계속 마음에 둔다면 얻지 못할 것은 없다고 생각한다. 물론 그것을 공짜로 얻을 수는 없다. 당연히 위험을 감수하고 도전해야 한다. 그렇다고 무모해지라는 의미는 아니다. 무모한 도전은 어리석기 이를 데 없는 짓이기 때문이다. 위험을 감수하고 (현명하게) 도전하라. 있는 힘을 다해 버텨내라. 원하는 것을 얻을 때까지 그렇게 하라."

레이 크록에게는 거대한 부를 거머쥐겠다는 꿈이 있었고, 그는 그 꿈을 한 번도 버리지 않았다. 평생 마음속에 간직했다. 한편으로 그는 꿈을 꿈으로 놔두지 않았다. 위험을 무릅쓰고 꿈을 실천했다. 그러자 어느 날 거대한 행운을 잡아채는 감각이 생겨났다. 그 뒤의 이야기는 우리 모두 잘 알고 있다. 레이 크록은 어느 날 우연히 모리스 맥도널드와 리처드 맥도널드 형제가 운영하는 햄버거 가게를 발견했고 그 가게의 권리를 사들였다. 그리고 사업계의 전설이 되었다.

아리스토텔레스 오나시스, 물 위에 뜬 기름처럼

아리스토텔레스 오나시스가 10대 후반이었을 무렵의 일이다. 아버지는 감옥에 갇혀 있었고 어머니와 누이들은 수용소에서 살고 있었다. 1923년 8월, 오나시스는 성공을 꿈꾸며 아르헨티나의 부에노스아이레스로 향했다. 화물 창고 하나마다 무려 300명 가까운 이민자들을 몰아넣고 항해하는 1만 2천 톤짜리 토마소 디 사보이아호를 타고.

"기관실 정비를 하고 싶습니다. 그러나 갑판원도 좋고, 뭐든 시키는 대로 하겠습니다."[3]

그날부터 오나시스는 선박의 바닥 청소부터 오물처리까지 배에서 할 수 있는 모든 일을 했다. 하루하루 바쁘게 움직였다. 하지만 그는 여전히 찢어지게 가난했다.

부에노스아이레스에 도착한 오나시스는 일자리를 찾아 뛰어다녔다. 그러나 번번이 실패했다. 결국 그는 수백 개의 가느다란 전화 줄을 용접하는 노동자로 일해야 했다.[4]

그러던 어느 날 오나시스는 모아둔 돈을 탈탈 털어 고급 양복을 맞춰 입고는 최고의 부자들이 이용하는 레스토랑으로 향했다.[5] 부자들의 사고방식을 배우기 위해서였다. 오나시스는 그 레스토랑을 정기적으로 드나들며 거부들의 VD를 배웠다.

억만장자 VD로 무장한 오나시스는 자신의 모든 에너지를 거대한 부를 창출하는 데 집중했다. 그는 먼저 마음속에 있는 가난을 몰아냈다. 마치 그림자처럼 알게 모르게 끈덕지게 붙어 있는 가난에 대한 생각을 영구히 추방했다. 그리고 살아생전에 반드시 세계 최고의 부를 얻겠다는 무모한 열망으로 무장했다. 이제 오나시스의 마음 어디를 찾아봐도 가난에 대한 생각이라곤 눈곱만큼도 존재하지 않았다. 존재하고 있는 것은 오직 세계 최고의 재벌이 된 자신의 모습뿐이었다.

마음을 새롭게 하니 몸이 새로워졌다. 아무리 열심히 일해도 전혀 피곤하지 않았다. 오히려 날아갈 듯이 상쾌했다. 마치 술에 취하듯 꿈에 취해 있었으니 당연한 결과였다. 덕분에 그는 해저전신회사에서 하루 8시간씩 용접공으로 일하면서도 매일 12시간씩 더 일하겠다며 특근 신청을 낼 수 있었다.

1923년 9월 21일의 오나시스에게는 빈민가에 월세방을 얻을 수 있는 보증금과 4개월간의 최저 생활비밖에 없었다. 주변 사람들이 국가를 탓하고, 정치가를 탓하고, 사회를 탓하고, 부자를 탓하는 등 자신이 가난할 수밖에 없는 이유를 찾느라 바쁠 때 오나시스는 그 반대의 이유를 찾느라 바빴다. 그 결과 4년 만에 백만장자가 되었고 10년 만에 억만장자가 되었다. 그리고 오래지 않아 세계 최고의 재벌이 되었다.

오나시스는 자신을 끊임없이 꿈꾸는 사람이라고 밝혔다. 그는 고백했다.

"나는 마음속으로 내 첫 번째 배를 보았다. 그랬더니 실제로 그 배를 갖게 되었다. 얼마 뒤에는 유조선단을 관리하는 나 자신을 보았다. 그랬더니 진짜로 유조선단을 관리하게 되었다."[6]

한편으로 오나시스는 자신의 성공 비결을 이야기해달라고 부탁하는 사람들에게 언제나 이렇게 말했다.

"어마어마한 부자가 되려면 물 위에 뜬 기름처럼 세상 사람들의 생각 위에 항상 떠 있어야 한다."

이제 당신이 물 위에 뜰 차례다.

윌리엄 틸러 교수의 의지 각인 장치

스탠퍼드대학교 공과대학 교수 윌리엄 틸러William Tiller는 IIED의지 각인 장치, Intention Imprinted Electric Device를 개발했다. 그것은 쉽게 말해 인간의 VD를 저장할 수 있는 기계적 장치였다.

윌리엄 틸러는 자신이 개발한 장치의 실효성을 실험을 통해 증명했다. 그는 명상의 대가를 초청해 '물속에 있는 수소 이온의 농도가 증가하는 VD'를 하게 했다. 그의 VD는 의지 각인 장치에 그대로 저장되었다. 윌리엄 틸러는 VD가 저장된 장치를 물속에 넣은 뒤 수소 이온의 농도가 증가하는지 조사했다. 결과는 놀라웠다. 수소 이온의 농도가 무려 1만 배나 증가했다.

윌리엄 틸러는 이런 실험도 했다. 명상의 대가들로 하여금 의지 각인 장치에 물의 성질을 바꾸는 VD를 하게 했다. 그리고 그 장치를 실험실에서 3,200킬로미터나 멀리 떨어진 곳으로 옮겨 그곳의 물속에 집어넣었다. 그러자 VD대로 물의 성질이 변했다.

윌리엄 틸러 교수의 실험 결과가 우리에게 주는 교훈은 이것이다.

VD는 R이 된다.

폴 마이어는 열아홉 살 때 보험회사 신참 영업사원이었다. 약 3주일 뒤 그는 모두의 비웃음을 받으며 회사를 그만두어야 했다. 아니, 쫓겨났다. 영업소장은 3주가 지나도록 단 한 건의 실적도 올리지 못한 그를 세워놓고, "너 같은 무능한 놈은 세일즈를 할 자격이 없어! 고객 앞에서 말도 제대로 꺼내지 못하는 놈은 우리 회사에 필요 없어!"라며 한바탕 독설을 퍼부은 뒤 "꺼져!"라고 말했기 때문이다. 그때 폴 마이어는 소장에게 이렇게 대꾸했다.

"당신은 오늘 세계 최고의 세일즈맨을 놓쳤습니다. 언젠가 반드시 오늘의 일을 후회하게 될 것입니다."

얼마 뒤 그는 월셋집에서 쫓겨났다. 몇 달째 월세를 내지 못했기 때문이다. 마치 자신을 쓰레기 버리듯 내치는 집주인에게 폴 마이어는 확신에 찬 목소리로 예언했다.

"나는 거부巨富입니다. 언젠가 나는 이 건물을 통째로 사러 올 것입니다."

윌리엄 틸러 교수의 실험을 놓고 이야기하면 폴 마이어는 자신의 의지를 보험회사 소장과 집주인에게 각인시켰다.

폴 마이어의 의지는 너무도 강력했다. 그는 고작 3주 만에 머리끝에서 발끝까지 완전히 새로운 존재로 변신했다. 그는 다른 보험회사에서 최고의 판매 왕이 되었고, 얼마 뒤 미국 최고의 판매 왕이 되었다. 돈이 물밀듯이 밀려왔고 그는 1년에 50억 원씩 기부하는 거부가 되었다. 한때 그를 해고했던 보험회사 영업소장은 폴 마이어를 놓친 일을 평생 후회하게 되었고, 그를 내쫓았던 월셋집 주인은 거액을 제시한 폴 마이어에게 자신의 건물을 팔았다. 폴 마이어의 의지 각인 장치가 완벽하게 작동한 것이다.

당신도 지지 마라. 돈으로 사람을 판단하는 세상에 지지 마라.

돈 때문에 힘들 때마다 돈 때문에 억울할 때마다 힘들어하지 말고 억울해하지도 마라. 대신 지구라는 의지 각인 장치에 당신의 VD를 주입하라.

깨끗한 방법으로 놀라운 부를 쌓은 자신의 모습과 그 부를 선하게 사용하는 자신의 모습을 당신의 눈길이 미치는 모든 공간에, 당신의 발길이 닿는 모든 곳에 각인시켜라. 그렇게 당신 안에 잠들어 있는 의지 각인 장치의 '켜짐' 버튼을 눌러라.

마이크로소프트나 제너럴 일렉트릭 같은 세계적인 기업의 창업주들은 명상의 대가들 이상으로 집중력이 강한 사람들이다. 쉽게 말해 인간의 수준을 초월한 부자 VD를 한 사람들이다. 그들이 그토록 강렬하게 VD를 했기 때문에 인간의 수준을 초월한 부를 손에 넣게 되었다는 사실을 이해하라.

명상의 대가들의 VD는 수소 이온의 농도를 1만 배나 증가시켰다. 그리고 3,200킬로미터나 떨어진 곳의 물의 성질을 변화시켰다. 나는 평범한 누군가가 세상을 뒤흔드는 거부로 성장하는 것도 마찬가지라고 생각한다. 인간의 수준을 초월한 VD를 한 번 하면 부를 손에 넣을 수 있는 능력이 1만 배로 증가하고, 두 번 하면 2만 배로 증가하고, 10번 하면 10만 배, 100번 하면 100만 배로 증가한다고 생각한다. 그리고 그 사람의 부의 에너지가 미치는 영역이 3,200킬로미터, 6,400킬로미터 하는 식으로 늘어난다고 생각한다.

만일 당신이 돈을 초월한 아름다운 삶을 사는 게 꿈이라면 굳이 부자 VD를 할 필요는 없을 것이다. 도리어 안분지족安分知足하고 청빈낙도清貧樂道 하는 VD를 해야 할 것이다.

그러나 그렇지 않다면, 당신 자신의 이익을 위해서가 아니라 어떤 큰 뜻을 위해 부를 쌓아야 한다면, 너무도 거대해서 그 끝을 알 수 없는 부를 얻은 뒤 인간으로서 반드시 해야 할 어떤 위대한 일이 있다면 부를 VD 하라. 인간의 수준을 초월할 정도로 VD 하라.

꿈은 결코 가로막을 수 없다

지인 중에 수억 원의 빚을 지고 고통스러워하던 사람이 있었다. 보금자리는 외환위기 때 경매로 넘어갔고 이로 인해 온 가족이 뿔뿔이 흩어져야 했다. 설상가상으로 부모님이 중병에 걸렸다. 하지만 그는 절망하지 않았다. 눈물이 비처럼 흐를 때면 그는 〈들장미 소녀 캔디〉를 개사한 노래를 불렀다.

"외로워도 슬퍼도 나는 안 울어. 참고 참고 또 참지 울긴 왜 울어. 웃으면서 꿈꿔보자, 나의 미래. 생생하게 그려보자, 나의 미래."

그가 꿈꾸었던 미래는 빚을 갚고, 대형 아파트를 사서 보금자리를 꾸리고, 부모님이 병석을 털고 일어나는 것이었다. 그리고 강남에 건물을 몇 채 사는 것이었다. 그의 꿈은 모두 이루어졌다. 무시무시한 현실의 벽을 뚫고 꿈의 미래로 나갈 수 있다고 진심으로 믿었기에.

당신의 앞을 가로막고 있는 벽은 무엇인가? 그리고 그 벽을 어떻게 생각하고 있는가?

당신의 힘으로는 절대로 뚫고 나갈 수 없는 무엇이라고 생각하며 힘들어하고 있는가?

아니다. 당신은 뚫고 나갈 수 있다. 당신이 당신의 미래를 진심으로 믿는다면.

울고 싶을 때 웃을 수 있다면, 포기하고 싶을 때 도전할 수 있다면, 편안히 눕고 싶을 때 달릴 수 있다면 당신은 모든 것을 바꿀 수 있다.

가진 것이 아무것도 없다고 실망하지 마라. 다름 아닌 그런 태도가 실망스러운 인생을 만든다. 세상의 어려운 현실 앞에서 좌절하지도 마라. 다름 아닌 그런 태도가 세상을 더욱 어렵게 만든다.

인생을 바꿀 수 있다는 꿈을 가져라. 꿈이 이미 이루어진 모습을 생생하게 그려라. 당신의 내부에서 불이 일어나 당신의 앞길을 가로막는 모든 장애물을 녹여 없앨 때까지 그렇게 하라. 당신의 에너지가 당신 자신은 물론이고 모두를 빛나게 할 때까지 말이다.

여기 한 사람이 있다.

21세에 그는 사업에 실패한다.

22세에 그는 입법의원 선거에서 낙선한다.

24세에 그는 사업에 재차 실패한다.

26세에 그의 여자 친구가 사망한다.

27세에 그는 신경쇠약에 걸려 자살을 꿈꾼다.

34세에 그는 하원의원 선거에 낙선한다.

35세에 그는 파산자가 된다.

36세에 그는 하원의원 선거에 재차 낙선한다.

45세에 그는 상원의원 선거에 낙선한다.

47세에 그는 부통령에 도전하지만 실패한다.

49세에 그는 상원의원 선거에 재차 낙선한다.

52세에 그는 대통령에 도전해서 당선된다.

그는 에이브러햄 링컨이다.

– 작자 미상 –

Chapter 4

확신

의식과 무의식에 외치는 마음의 주문

사람에게는 의식, 무의식, 집합무의식이 있다.
이 세 가지가 긍정적인 믿음으로 가득 차면 엄청난 일이 일어난다.

차에 깔리려는 아이를 구하기 위해 가냘픈 두 손으로
차를 번쩍 들어올린 어머니의 사례가 대표적이다.
평상시에는 아령 하나도 제대로 못 드는 사람이
자신의 아이가 죽을 위험에 처하자
의식, 무의식, 집합무의식의 부정적 틀을 일순간에 깨뜨리고
내면에 숨겨진 진정한 능력을 발휘한 것이다.

하지만 그때뿐이다.
아이를 구한 어머니는 다시 평범한 여자로 돌아간다.
이게 우리의 모습이다.
실제로는 내면에 엄청난 힘을 소유하고 있지만
일상에서는 너무도 나약한 존재로 살아가고 있는.

이제 우리는 우리 안에 잠든 거인을 깨우는 법을 배워야 한다.

집합무의식은 카를 구스타프 융이 주장한 개념으로 인류의 모든 경험이 종합적으로 녹아 있는 것이다. 그러니까 아담 이후로 태어난 모든 인간의 경험이 축적되어 있는 인류 공통의 무의식인 셈이다. 일부 특이한 과학자들은 집합무의식이 지구 둘레를 거대한 에너지장 형태로 둘러싸고 있다고 주장하기도 한다.

아무튼 인간은 누구나 이 집합무의식을 가지고 태어나는데, 이게 무시무시한 부정적인 기운으로 가득 차 있다. 인류의 역사를 100으로 놓고 보면 전쟁이 없었던 시기는 고작 8에 불과하다고 한다. 쉽게 말해 집합무의식의 92%는 전쟁으로부터 비롯된 것이다.

누군가를 살해하고 또 누군가에게 죽임 당한 조상들의 기억들로 가득 차 있는 집합무의식. 여기에는 두려움, 불안, 불신, 고통, 슬픔, 좌절, 절망, 죽음, 피 같은 것밖에 없다. 그리고 놀랍게도 우리는 이토록 부정적인 집합무의식을 마치 본능처럼 가지고 태어났다.

세상에 성공한 사람이 적은 이유도 바로 집합무의식 때문이다. 집합무의식이 조금이나마 긍정적인 것으로 변해야 내면의 에너지가 긍정적인 것으로 변하고, 이 에너지가 성공을 불러들인다.

집합무의식은 R=VD 공식을 사용해서 변화시킬 수 있다. 물론 아무리 열심히 R=VD 공식을 실천한다 해도 집합무의식은 아주 조금밖에 변화시키지 못한다. 하지만 실망할 필요는 없다. 만일 당신이 R=VD 공식을 '아주 조금'만 만족시켜도 한국에서 성공한 사람이라 불리게 될 테니까. '조금'을 만족시키면 세계적인 성공을 거두게 될 테고.

안타깝게도 평범한 사람들은 이 사실을 모르고 그저 열심히 일만 하기 바쁘다. 아니, 우리들은 보통 뼈 빠지게 일하지 않는가. 그것도 성공 같은 것은 바라지도 않고 그저 조금이나마 넉넉하게 살 수 있기만을 바라면서 말이다. 하지만 그 노력이 무상하게도 삶은 언제나 고달프기만 하다. 넉넉하기는커녕 매달 돌아오는 청구서를 막느라 허리가 휠 지경이다.

잠시 객관적으로 우리 자신을 돌아보자. 우리가 이렇게 힘겹게 살아야 할 이유가 도대체 어디에 있는가? 우리가 뭘 잘못했다는 말인가?

한번 지난 인생을 돌아보라. 나름대로 건전하게, 성실하게 살아오지 않았는가? 그런데 현실은 왜 이따위란 말인가!

이유는 간단하다. R=VD 공식을 실천하지 않았기 때문이다. 성공 같은 것은 바라지도 않았기 때문이다.

빌 게이츠, 워런 버핏, 타이거 우즈, 마이클 펠프스, 《포춘Fortune》 선정 세계 500대 그룹의 CEO들……. 이런 사람들과 우리의 가장 큰 차이점이 무엇인지 아는가? 그들은 R=VD 마니아다. 또 적게는 수백만 원에서 많게는 수천만 원에 이르는 보수를 지불하고 R=VD 전문가에게 주기적으로 VD 교육을 받는다.

하지만 우리는 기껏해야 만 원짜리 책 한 권 읽고 끝난다. 그것도 긴가민가하며 읽고, 다 읽은 뒤에는 책장에 처박아둔다. 그러니 어떻게 우리의 집합무의식이 바뀔 수 있겠는가.

위인들은 집합무의식을 상당 부분 긍정적인 것으로 바꾸어놓은 사람들이다. 이순신 장군을 보라. 그는 고작 13척의 배를 이끌고 133척의 왜선에 맞섰다. 이유는 간단하다. 승리할 수 있다고 믿었기 때문이다. 그리고 실제로 승리했다. 의식과 무의식은 물론이고 집합무의식까지 변화시킨 그의 VD가 기적을 불러들인 것이다.

위인들의 공통점은 자신의 신념을 목숨을 걸고 지켰다는 것이다. 그 태산 같은 의지 앞에서 이루어지지 못할 것이 대체 뭐란 말인가. 그들의 위대한 VD는 인류의 역사를 바꾸었다.

집합무의식을 긍정적으로 바꿔라

최면은 성공의 원리를 아주 쉽게 알려주고 있다. 평소에 10킬로그램짜리 아령도 못 드는 사람에게 최면술사가 "당신은 100킬로그램을 들 수 있다!"라고 최면을 걸면 어떤 일이 벌어질까? 진짜로 100킬로그램짜리 역기를 번쩍번쩍 든다. 이런 일이 가능한 것은 최면 상태에서는 의식, 무의식, 집합무의식이 일시적이나마 긍정적으로 변하기 때문이다.

평소에 100만 원도 못 버는 사람이 "당신은 1년 안에 10억 원을 벌 수 있다!"라는 최면에 걸리면 어떤 일이 벌어질까? 실제로 10억 원을 벌게 된다. 10킬로그램도 못 드는 사람이 100킬로그램을 드는 것처럼 말이다.

하지만 아쉽게도 이 정도로 강력한 최면을 걸 수 있는 최면술사는 존재하지 않는다. 만일 있었다면 그 자신이 갑부가 되었을 것이고, 만나는 사람마다 부자로 만들어주었을 것이고, 그의 이야기는 역사에 기록되었을 것이다.

열심히 노력하다 보면 자기도 모르게 스스로에게 최면을 걸게 된다. "나는 할 수 있다!"는 강력한 자기암시를 걸게 된다는 말이다. 자기 확신으로부터 비롯된 자기최면은 사람의 인생을 바꿔준다. 참고로 말하면 내가 지금 사용하고 있는 자기최면이라는 단어는 R=VD 공식과 동일한 뜻을 가지고 있다.

성공자들의 공통점은 꿈 → 노력 → 확신 → 성공으로 이어지는 다음 네 단계를 거쳤다는 것이다.

1. 바람[Wind]처럼 찾아온 바람[Hope]을 확고하게 붙들어 꿈[Dream]으로 전환시켰다.
2. 꿈을 현실로 만들기 위한 엄청난 노력을 지속적으로 했다.
3. 노력을 하는 동안 마음의 에너지가 변화하는 것을 체험했다. 의식과 무의식 그리고 집합무의식이 긍정적인 방향으로 변화하면서 "나는 성공할 수밖에 없다."는 확신을 갖게 되었다.
4. 무한히 긍정적인 방향으로 향하게 된 마음의 에너지가 성공

을 불러들였다.

R=VD 공식의 관점에서 다시 정리하면 이렇다.

1. 노력은 성공과 상관이 없다.
2. 성공은 오직 이미 성공한 자신의 모습을 생생하게 꿈꾸는 사람만이 할 수 있다. 의식과 무의식은 물론이고 집합무의식까지 긍정적인 VD를 할 수 있다면 그 사람은 전혀 노력하지 않고도 기적 같은 성공을 불러들일 수 있다. 그러나 이 정도의 VD를 할 수 있는 사람이란 존재하지 않는다. 사람은 집합무의식의 영향으로 부정적인 VD를 압도적으로 많이 하게 되어 있기 때문이다.
3. 노력은 부정적인 VD를 긍정적인 VD로 바꾸어준다. 오늘은 어제보다 한 시간 덜 자고 한 시간 덜 놀고, 내일은 오늘보다 두 시간 덜 자고 덜 놀고……. 이런 식으로 나날이 자신의 한계를 초월하는 노력을 지속적으로 하다 보면 자기도 모르게 "내가 정말 꿈을 이룰 수 있겠구나!"라는 확신을 갖게 된다.
4. 확신은 가장 강력한 VD다. 확신은 의식과 무의식을 변화시키고 집합무의식에 영향을 미친다.

5. 노력하면 할수록 확신이 커지고 많아진다.

6. 가장 강력한 VD, 확신에게 지속적으로 영향을 받은 집합무의식이 마침내 긍정적인 방향으로 돌아선다.

7. VD가 R이 된다.

거대한 정신적 에너지를 구하라

조금 이상하게 들릴 수도 있는 이야기를 하겠다.

"만일 당신이 진실로 위대한 VD를 한다면 노력을 전혀 하지 않고도 모든 VD를 R로 만들 수 있다."

물론 여기에는 인간의 힘으로는 도저히 만족시킬 수 없는 어떤 조건이 있다. 당신의 의식은 물론이고 무의식과 집합무의식까지 생생하게 꿈꾸어야 한다는, 의심은 0.0000000001%도 존재해서는 안 된다는, 오직 절대적인 믿음만 있어야 한다는.

그러나 이런 절대적인 믿음을 가질 수 있는 자는 존재하지 않는다. 오직 진리만을 이야기하셨던 예수 그리스도의 다음 말씀을 읽으면 이해가 좀 쉬울 것이다(물론 성서는 전적으로 예수 그리스도의 십자가를 통한 영혼 구원의 관점에서 읽어야 한다. 그 외의 관점은 모두 헛것이다. 성서의 진리는 오직 예수 그리스도이기 때문이다. 그런데 나는 여기서 성서의 말씀을 세속적으로 해석하는 어리석은 짓을 잠시 저지르고자 한다. 모두 나의 믿음이 부족한 탓이다).

> "진실로 너희에게 이르노니 너희가 만일 믿음이 한 겨자씨만큼만 있으면 이 산을 명하여 여기서 저기로 옮기라 하여도 옮길 것이요, 또 너희가 못할 것이 없으리라."
>
> — 마태복음(17:20)

너희가 만일 믿음이 한 겨자씨만큼만 있으면, 이 말씀은 인간에게는 겨자씨 하나만 한 믿음도 없다는 의미다.

나는 20대의 어느 날에 신약성서에서 이 말씀을 접하고 숨이 멎을 것 같은 충격을 받았다. 말이 안 된다고 생각했기 때문이다. 겨자씨는 쌀 한 톨보다도 작다. 그런데 내 믿음이 그 겨자씨보다 작다고? 아니다. 백번을 다시 생각해봐도 내 안에는 거대한 믿음이 있었다. 지구를 뒤덮을 만한 믿음이 있었다. 그 믿음은 다름 아닌 베스트셀러 작가의 꿈이었다.

그러나 그때 나는 몰랐었다. 예수 그리스도는 의식과 무의식 그리고 집합무의식, 이 모두를 놓고 이 말씀을 하셨다는 것을. 당시 나의 의식은 100% 확신에 차 있었다. 나는 반드시 베스트셀러 작가가 된다는.

그렇다면 나의 무의식과 집합무의식도 그렇게 믿었을까? 아니다. 만일 그랬다면 내 꿈은 그날 당장 이루어졌을 것이다.

내 꿈이 이루어지기까지는 14년 7개월이라는 기나긴 시간이 필요했다. 나에게는 왜 그렇게 기나긴 시간이 필요했을까? 그것은 다름 아닌 나의 무의식과 집합무의식, 즉 의식으로는 파악할 수 없는, 내 영혼 깊은 곳에 숨어 있는 부정적인 믿음을 긍정적인 것으로 돌려놓기 위해 필요한 시간이었다.

물론 나는 단 하루도 생생하게 꿈꾸지 않은 날이 없었다. 무명 작가 시절, 나는 무려 14년 가까이 R=VD 공식을 실천했다. 허나 집합무의식까지 긍정적으로 돌려놓을 만한 정도는 아니었다. 기껏해야 무의식을 좀 긍정적으로 변화시킨 정도였다.

그토록 기대했던 14번째 책인《꿈꾸는 다락방》마저 출간되고 몇 달 동안 베스트셀러가 될 기미가 보이지 않자 나는 죽을 것만 같았다. 나에게는 절체절명의 위기를 극복할 방안이 필요했다.

노력은 절대로 아니었다. 지난 14년 동안 노력은 징그럽게 했었다. 일례로 나는 이등병일 때도 헬멧에 종이를 숨겨놓고 야간 근무를 나갔다. (같이 근무 나간 고참이 나를 믿고 마음 놓고 잘 때) 달빛에라도 의지해 글을 쓰기 위해서였다.

초등학교 선생님으로 일할 때는 몇 년간 하루에 서너 시간만 자면서 글을 썼다. 당시 나를 알던 사람들이 "이지성을 불러내는 것은 죄악이다. 그는 글을 써야 하니까.", "이지성의 베스트셀러 작가가 되기 위한 노력은 거의 자기학대 수준이다. 이지성이 글 쓰는 모습을 보면 머리털이 쭈뼛 서는 것 같다." 이런 말을 할 정도였다.

하지만 내 꿈은 이루어지지 않았다.

노력이 아니라면 대체 무엇일까? 나는 미친 듯이 연구하기 시작했다. 그리고 마침내 이런 결론을 내기에 이르렀다.

"인간은 동물이 아니다. 인간은 정신적인 존재요, 영적인 존재다. 즉 인간이 무엇인가를 이루려면 단순한 육체적 노력뿐만 아니라 어떤 거대한 정신적이고 영적인 에너지가 필요하다. 그 에너지를 얻어야 한다. 그 에너지는 다름 아닌 '믿음'이다."

이 결론을 내리고서야 비로소 나는 R=VD 공식을 진심으로 실천하기 시작했다. 그리고 죽을 것 같은 간절함을 담아 하나님께 기도하기 시작했다. 난 틈만 나면 무릎을 꿇고 기도했고, 온 힘을 다해 VD 기법들을 실천했다. 이미 출판된 《꿈꾸는 다락방》이 뒤늦은 베스트셀러가 되는 광경, 당시 쓰고 있던 《여자라면 힐러리처럼》이 교보문고 종합 베스트셀러 초상위권을 떡하니 차지하고 있는 모습을 미친 듯이 그리고 또 그렸다.

그로부터 몇 달 뒤, 나는 집에 들어오자마자 큰소리로 "하나님, 감사합니다!"라고 외치고는 책꽂이로 달려가 책 한 권을 뽑아들고 이렇게 외쳤다.

"너, 너 진, 진짜구나!"

그날 나는 내 15번째 책《여자라면 힐러리처럼》이 출간된 지 한 달여 만에 교보문고 종합 베스트셀러 9위에 오른 모습을 보았다. 그리고 내가 책꽂이에서 뽑아들었던 책은《꿈꾸는 다락방》이었다.

《여자라면 힐러리처럼》은 그 뒤로도 순위를 쑥쑥 높여가서 종합 베스트셀러 4위까지 올라갔다. 그리고 50만 부 가까이 팔렸고 중국, 대만 등에서 번역 출간되었다. 그렇게 나는 14년 7개월 만에 무명작가에서 베스트셀러 작가가 되었다.

불가능해 보이는 꿈을 이루게 해주는 것은 정신적 노력이라는 사실을 기억하라.

VD 하라.

취미 수준으로 하지 마라. 당신의 인생을 걸고 VD 하라.

그러면 에디슨이 말한 1%의 영감이 만들어질 것이다. 여기에 99%의 노력을 더하라. 그러면 오래지 않아 깨닫게 될 것이다. 당신은 성공하기 위해 태어난 존재라는 사실을. 이 깨달음이 당신의 집합무의식을 변화시킬 것이고, 당신의 삶을 기적적으로 바꿀 것이다.

부정적인 생각에서 꿈을 구원하라

나는 기도와는 거리가 먼 사람이다. 나는 날라리 기독교 신자인데 어쩌다 한번 큰마음을 먹고 기도를 하려고 하면 어느 샌가 잠들어 있는 나 자신을 발견하곤 한다. 부끄럽지만 사실이다. 혹시 기도 잘하는 분이 계시면 이런 나를 위해 기도해주시기 바란다.

그렇다고 내가 기도를 전혀 안 하는 사람은 아니다. 다른 건 몰라도 '글쓰기'를 위한 기도만큼은 매일 매 순간 하고 있다.

나는 하나님께 기도를 열심히 하면서 R=VD 공식을 실천했는데, 약 14년 가까이 "하나님, 세상에 정말 큰 도움이 되는, 독자님들의 삶을 변화시킬 수 있는 좋은 글을 쓰게 해주세요. 진정 좋은 작가가 되고 싶습니다. 베스트셀러 작가도 되고 싶습니다. 제발 제 기도를 들어주세요. 예수님 이름으로 기도드렸습니다. 아멘." 이런 식의 기도를 했다.

그러다가 어느 날 기도를 바꾸었다.

"하나님, 세상에 큰 도움이 되고 독자님들의 삶을 변화시키는 힘을 가진 멋진 글을 쓰게 해주셔서 감사합니다. 저를 베스트셀러 작가로 만들어주셔서 감사합니다. 예수님 이름으로 기도드렸습니다. 아멘."

이런 식으로 믿음에 기반한 기도를 드리기 시작했다.

믿음에 기반한 기도는 과연 달랐다. "~해주세요." 식의 기도보다 몇 배 강한 힘을 가지고 있었다. 실제로 나는 믿음의 기도를 드리고 1년도 안 돼서 베스트셀러 작가가 되었고, 셀 수 없이 많은 독자들로부터 "당신의 책으로 인해 내 인생이 바뀌었다."는 이야기를 듣게 되었다.

2007년 6월, 《꿈꾸는 다락방》이 나온 지 한 달쯤 됐을 때의 일이다. 나는 편집자에게 전화를 걸었다. 그러고는 이렇게 말했다.

"미안합니다."

편집자는 이렇게 대답했다.

"아니에요. 제가 미안합니다."

둘이 함께 《꿈꾸는 다락방》이 베스트셀러가 되는 것을 생생하게 꿈꾸었는데 베스트셀러 근처도 가지 못했기 때문에 이런 대화를 나누게 된 것이다.

그러나 나는 포기하지 않고 있었다. 나는 《꿈꾸는 다락방》 1편에 나오는 리처드 바크의《갈매기의 꿈》이야기처럼《꿈꾸는 다락방》이 독자들의 입소문을 통해 뒤늦게 베스트셀러가 되는 광경을 생생히 꿈꾸며 간절하게 기도하고 있었다. 당시에 나는 30분이 넘는 거리를 걸어서 출근했었는데 그 시간 내내 미친 사람처럼 이렇게 읊조렸다.

"내 앞에 베스트셀러, 내 뒤에 베스트셀러, 내 왼쪽에 베스트셀러, 내 오른쪽에 베스트셀러, 내 머리 위에 베스트셀러, 내 발 아래에 베스트셀러, 내 앞과 내 오른쪽 사이에 베스트셀러, 내 오른쪽과 내 뒤 사이에 베스트셀러……. 하나님, 저를 베스트셀러 작가로 만들어주셔서 감사합니다, 고맙습니다, 행복합니다. 예수님 이름으로 기도드렸습니다. 아멘."

놀라운 사실은 편집자도 포기하지 않고 꿈꾸며 기도하고 있었다는 사실이다. 그는 내가 가르쳐준 대로 당시 베스트셀러 1위였던 책의 표지를 사무실 책상 앞에 붙여놓고《꿈꾸는 다락방》이 그 책처럼 100만 부 넘게 팔리고 베스트셀러 1위에 오르는 광경을 생생하게 꿈꾸며 기도하고 있었다.

현실은《꿈꾸는 다락방》이 베스트셀러가 될 수 없다고 말하고 있었지만 우리는 꿈을 포기하지 않았고 기도를 게을리하지 않았다. 그러자 놀랍게도 독자들의 입소문을 타고 책이 서서히 팔려

나가기 시작했다. 그다음의 일은 우리 모두가 아는 바다.《꿈꾸는 다락방》 시리즈는 종합 베스트셀러 1위에 올랐고, 250만 부 넘게 판매되었다.

이 모든 일을 기도의 힘과 R=VD 외에 달리 설명할 게 있을까? 나는 없다고 생각한다. 나는 세속에 찌든 사람이지만 그래도 진심으로 믿고 기도하니까 하나님께서 들어주신 것이다. 나는 당신도 똑같다고 생각한다. 마음을 열고 믿음을 가지고 생생하게 꿈꾸면 나는 저리 가라 할 정도의 기적을 만나게 되리라고 확신한다.

물론 가장 성경적인 기도는 영혼의 구원을 위한 것이다. 하나님의 나라와 하나님의 의를 구하는 것이다. 나는 도대체 언제쯤 이런 기도를 하게 될까? 그리고 우리는 언제쯤 이런 기도를 하게 될까? 우리 모두가 이런 기도를 하게 될 때 세상 속에 하나님의 나라가 임하게 되리라고 믿는다.

부정적인 생각에 틈을 주지 마라

"나는 18년 동안 선수생활을 하면서 최고의 자리인 1등 단상에 종종 올랐다. 그때마다 나는 아래 단상에 있는 사람들을 보게 되었다. 때때로 나는 의문에 사로잡히곤 했다. '내가 어떻게 이 사람들을 이겼을까?' 하고. 그러나 나는 자신에게 그런 질문을 던지자마자 답을 얻곤 했다. 내가 그들보다 훨씬 노력했던 것이다. …… 나는 수영을 할 때마다 기록을 향상했다. 매일 기록을 경신하는 나 자신을 나조차도 믿지 못할 정도였다. 나는 통증은 물론이고 피로도 거의 느끼지 못했다. 올림픽에 나가서는 그동안 얼마나 피나게 훈련했는지 스스로 너무도 잘 알았기에 '나는 1위다.'라는 확신을 갖고 물에 뛰어들 수 있었다. 나는 내 믿음대로 3관왕이 되었다. …… 부정적인 생각은 자신이 스스로의 일에 100% 전념하고 있지 않다는 것을 인식할 때 생긴다."

올림픽 수영 3관왕 니콜 헤이즐렛의 말이다. 나는 개인적으로 노력과 VD의 관계를 니콜 헤이즐렛보다 더 잘 설명한 사람은 없다고 생각한다. 물론 니콜 헤이즐렛의 이야기는 Vivid Dream의 관점에서 들어야 한다. 그녀는 세계 최고를 꿈꾸었던 사람이기 때문이다.

니콜 헤이즐렛에 따르면 믿음, 신념, 긍정적인 생각, 적극적인 사고방식, VD 등으로 표현되는 인간의 무의식적 사고의 힘은 자신의 한계를 뛰어넘는 노력을 하는 자기 자신을 볼 때 100%를 발휘한다. 만일 100%에서 1%라도 모자라면 인간은 그만큼의 부정적인 생각을 하게 되고 이는 실패로 이어진다.

당신에게 묻고 싶다.

혹시 그동안 마음으로만 생생하게 꿈꾸었는가?

그렇다면 이제부터는 몸으로도 생생하게 꿈꾸기 바란다. 한마디로 꿈의 크기에 걸맞은 노력을 하기 바란다.

당신의 내면에서 성공의 확신이 생겨날 때까지 온 힘을 다해 노력하라. 그때 비로소 당신의 VD가 R이 될 것이다.

당신은 믿는 만큼 젊어지고

의심하는 만큼 늙는다.

자신감을 갖는 만큼 젊어지고

두려워하는 만큼 늙는다.

희망하는 만큼 젊어지고

절망하는 만큼 늙는다.

– 더글러스 맥아더 –

Chapter 5

긍정 + 소리 VD

소리쳐라! 눈을 감아도 생생한 꿈을

지금, 왼쪽 가슴에 손을 얹어라.
심장의 고동 소리가 들리는가?

뜨겁게 뛰고 있는 심장에게 이렇게 말해주어라.
눈을 감고 말해주면 더욱 좋다.

"네가 이루고자 하는 모든 일을 이루게 될 것이다."
"네가 사랑받고자 하는 모든 사람에게 사랑받게 될 것이다."
"네가 간절히 꿈꾸었던 바로 그 사람을 만나게 될 것이다."
"네 인생에 놓인 모든 장애물을 가뿐하게 뛰어넘게 될 것이다."
"너는 누구보다 행복한 사람이 될 것이다."

칼 월렌다는 전설적인 공중 줄타기 곡예사였다. 그의 마지막 줄타기는 푸에르토리코 산후안 도심에서 있었다. 칼 월렌다의 아내 헬렌은 후일 이렇게 회상했다.

"칼은 이상하게도 그 곡예를 준비하는 3개월 동안 혹시나 추락하지는 않을까 하는 걱정만 했어요. 그가 줄타기를 앞두고 부정적인 말을 한 건 그때가 처음이었어요."

언제나 목숨을 걸고 줄타기 곡예를 했고, 단 한 번도 실패하지 않았던 칼 월렌다는 마지막 줄타기에서 실제로 추락해 숨졌다.

물론 우리네 삶은 공중 줄타기 곡예가 아니다. 우리는 설령 인생이라는 줄 위에서 추락하더라도 다시 시작하면 된다. 그리고 부정적인 VD가 인생의 모든 면에서 R이 되는 것은 아니다.

하지만 꿈꾸는 데 있어서만큼은 부정적인 VD는 치명적이다. 그것은 꿈의 성취를 가로막는 가장 두려운 장애물이기 때문이다.

성공을 꿈꾸는 사람은 무슨 일이 있어도 꿈에 불타는 말을 해야 한다. 일례로 경기 불황기에 다른 모든 사람들이 "불황 때문에 무슨 일이 벌어질지 모른다."라고 말하며 두려움을 가질 때 "불황이기 때문에 최고의 실적을 올릴 수 있다."라고 말하며 성공에 대한 열망으로 들끓어 올라야 한다. 실제로 거대한 성공을 거둔 사람들은 불황기에 다들 이런 뜨거운 말을 했다.

당신은 매사에 어떤 생각, 어떤 말을 하는가? 성공을 확신하는 생각과 말을 하고 주변 사람들의 성공까지 뜨겁게 빌어주는 생각과 말을 하고 있는가? 아니면 정반대의 생각과 말을 하고 있는가?

당신이 하는 생각과 말 자체에 어떤 신비한 힘이 들어 있지는 않다. 그것은 생각과 말에 불과하다. 하지만 그것들이 당신의 사고방식에 영향을 미치기 시작하면 문제가 달라진다. 그것들은 당신의 인생을 성공 또는 실패로 이끄는 근원적인 요인이 된다.

꿈을 이루고 싶다면 언제나 머릿속엔 이미 꿈을 이룬 자신의 모습을 그리고 있어야 한다. 그리고 입만 열면 그 이야기를 해야 한다. 막연하게 말하는 게 아니라 구체적이고 세밀하게 묘사해야 한다. 이렇게 하다 보면 어느새 VD를 R로 만들기 위해 모든 에너지를 불태우고 있는 자신을 만나게 된다. 그리고 실제로 VD가 R이 된 현실을 만나게 된다.

당신은 매일 아침 거울을 보면서 스스로에게 무슨 말을 해주는가? 업무를 시작하기 전이나 공부를 하기 전에는 어떤 말을 하는가?

기억하라. 당신의 미래는 당신의 말이 만든다.

박지성의 다짐 그리고 기적

박지성은 세계 무대에서 축구선수로 뛰기에는 치명적인 결함을 가지고 있었다. 일단 키가 175센티미터밖에 안 됐다. 그리고 평발이었다. 하지만 그럼에도 불구하고 박지성은 세계 최고의 축구선수 반열에 올랐다.

박지성의 기적은 그의 VD와 성실성이 빚어낸 것이라고 할 수 있다.

국가대표 팀에서 활약할 때 박지성은 그라운드 위를 날아다니는 자신의 모습을 생생하게 그리며 "나는 날아가는 마음으로 뛴다."라는 소리 VD를 했다.

네덜란드 에인트호번에서 뛸 때는 어떤 위기 상황도 잘 헤쳐 나가는 자신의 모습을 생생하게 그리며 "나는 어떤 위기가 닥치더라도 포기하지 않겠다."라는 소리 VD를 실천했다.

영국 프리미어 리그에 진출한 뒤로는 축구경기를 하기 전에 경기장에서 최고로 잘 뛰는 자신의 모습을 생생하게 그리며 100% 충만한 자신감이 들 때까지 "이 경기장에서 내가 최고다!"라는 소리 VD를 했다.

한 일간지에 박지성의 중학교 축구부 감독이었던 이덕철 교사의 회고가 실렸다.[7]

"말이 없는 지성이가 입버릇처럼 하는 말이 있었어요. '나는 무조건 성공해요.'란 말이었어요. '성공할 거예요.'가 아니라 '무조건 성공해요.'였어요."

이 교사는 다른 아이가 그런 말을 했으면 건방지다고 꾸짖었을 텐데 성실한 지성이가 그러니 믿어지더라고, 워낙 한결같은 아이였다고 했다.

박지성이 R=VD 공식을 알고 있었느냐 그렇지 않느냐는 전혀 중요하지 않다. 중요한 것은 그가 R=VD 공식을 실천하고 있었다는 점이다. 그것도 중학교 시절부터 선생님에게 특별한 인상을 심어줄 정도로 강렬하게 말이다.

박지성이 입버릇처럼 했던 말을 잘 기억하기 바란다.

"성공할 거예요."가 아니었다.

"무조건 성공해요."였다.

박지성은 이미 성공한 자신의 모습을 생생하게 바라보고 있었음에 틀림없다. 그러지 않았다면 중학교 시절부터 그토록 심하게 축구에 미쳐 있을 수 없었을 것이다. 그리고 그토록 분명하게 단언할 수 없었을 것이다. "나는 무조건 성공해요!"라고.

당신이 10대 시절에 입버릇처럼 했던 말은 무엇이었는가?

"나는 무조건 성공해요!" 같은 미래를 확신하는 말.

"힘들어", "짜증나", "죽겠어" 같은 현실에 억눌린 말.

지금 당신의 인생을 돌아보라.

혹시 당신이 했던 말대로 살아가고 있지는 않은가?

만일 당신이 지금부터 빛나는 미래를 확신하는 말을 입에 달고 살아가면 10년 뒤에 실제로 그런 미래를 맞이하게 될 것이다. 반대로 "힘들어", "죽겠어" 같은 말을 입에 달고 살아가면 10년 뒤에 지금보다 더 괴로운 현실을 만나게 될 것이다.

지미 카터, "나는 대통령이 될 사람이오!"

미국 국무장관을 역임한 힐러리 클린턴의 자서전에 나오는 내용이다.[8]

빌과 나는 1975년 지미 카터가 아칸소대학에서 강연을 했을 때 그를 만났다. 카터는 1974년에 자신의 보좌관 두 명을 페이엣빌로 보내 빌의 선거운동을 도와준 적이 있는데, 이는 카터가 그때 벌써 대통령 출마를 염두에 두고 정국을 바라보고 있었다는 확실한 증거다. 카터는 자신을 소개할 때 이렇게 말했다.

"안녕하시오. 나는 미국 대통령이 될 지미 카터요."

이 말이 내 관심을 끌었기에 나는 그를 유심히 관찰하고 그의 말에 귀를 기울였다. …… 우리가 헤어질 때쯤 카터는 자기한테 뭔가 조언해줄 말이 없느냐고 물었다.

"주지사 님, 저 같으면 사람들한테 내가 대통령이 될 거라고 말하고 다니지는 않을 겁니다. 거기에 반감을 갖는 사람도 있을 테니까요."

그러자 카터는 그의 트레이드 마크인 미소를 활짝 지으면서 대답했다.

"하지만 나는 대통령이 될 거요."

이 내용에 따르면 지미 카터는 소리 VD의 위력에 대해 매우 잘 알고 있었다. 그는 입만 열면 "나는 미국 대통령이 될 사람이오!"라고 외치고 다녔다. 힐러리의 지적대로 그는 어떤 사람들은 반감을 가지리라는 사실을 알았다. 하지만 카터는 사람들의 부정적인 반응보다는 자신의 꿈을 더 중요하게 생각했고, 이는 결과로 이어졌다. 그는 자신의 소리 VD대로 미국 대통령이 되었다.

만일 힐러리 클린턴이 지미 카터처럼 꿈을 외치고 다녔다면 어떻게 되었을까? 아마도 버락 오바마를 제치고 미국 최초의 여성 대통령이 되었을 것이다. 하지만 앞의 대화를 놓고 본다면 그녀는 지미 카터와 비교할 때 꿈을 믿는 마음이 조금 부족했던 것 같다. 자신의 꿈에 반감을 가질 사람들의 입장도 생각했던 것 같기 때문이다. 물론 누군가가 대통령 선거에 당선되거나 떨어지는 것에는 무수한 변수들이 작용할 것이다. 그러나 꿈의 시각으로 본다면 힐러리는 지미 카터만큼 VD 기법을 실천하지 않았기 때문에 미국 대통령이 되지 못한 것이다.

반면 힐러리 클린턴의 남편인 빌 클린턴은 일곱 살 때부터 미합중국 대통령이 될 거라고 말하고 다녔다. 빌 클린턴은 자신의 꿈을 너무도 분명하게 말했던 것 같다. 그의 어머니, 친구들, 선생님들이 모두 그의 꿈에 감염된 나머지 "빌은 언젠가 반드시 백악관으로 가게 될 거야!"라고 노래를 부르고 다녔기 때문이다.[9]

꿈을 이루고 싶다면 오직 꿈만 바라보아야 한다. 세상의 반응이나 주변 사람들의 시선 같은 것은 도무지 눈에 들어오지 않아야 한다. 아니, 꿈에 미쳐 있는데, 단순히 꿈을 꾸는 게 아니라 생생하게 꿈꾸고 있는데, 마치 눈앞의 사물을 바라보듯 이미 꿈을 이룬 그 모습을 두 눈으로 생생하게 바라보고 있는데 세상의 부정적인 반응이나 주변 사람들의 이상한 시선 따위가 어떻게 마음속에 들어올 수 있다는 말인가. 꿈에 미쳐본 경험이 있는 사람이라면 잘 알겠지만 그런 일은 있을 수 없다.

이루고 싶은 꿈이 있다면 지미 카터처럼 꿈을 외치고 다녀라. 세상이 어떻게 반응하든 사람들이 뭐라 하든 개의치 마라.

소리 VD 효과를 증명하는 실험과 발견들

이제는 상식이 된 뇌 과학의 발견에 따르면 인간의 우뇌는 그림으로 사고하고 좌뇌는 언어로 사고한다. 그리고 대뇌의 80%는 주인이 하는 말에 직접적인 영향을 받는다. 우리 선조들은 이 사실을 경험으로 알았고 자신들이 터득한 지혜를 “말이 씨가 된다.”는 속담으로 남겼다. 그리고 자연과 일체가 되어 살았던 아프리카 선조들은 “사람이 어떤 말을 1만 번 이상 하면 현실이 된다.”는 격언을 남겼다. 사회심리학에서는 같은 내용을 ‘자성적 예언Self-fulfilling Prophecy’이라 하고, 교육심리학에서는 ‘피그말리온 효과Pygmalion Effect’라 한다.

미국 프린스턴대학교의 로버트 얀Robert G. Jahn 교수는 약 20년 동안 인간의 마음속의 말이 물질(전자)에 미치는 영향을 연구했다. 약 1,200건이 넘는 실험 결과 밝혀진 사실은, 인간의 마음은 물질에 영향을 미친다는 것이었다. 로버트 얀 교수의 실험은 참가 대상자들이 명상가나 영능자가 아닌 평범한 사람들이었다는 점에서 큰 의미가 있다.

미국의 유명한 신경과학자인 캔더스 퍼트Candace Pert는 사람이 마음속으로 어떤 단어를 말하면 그에 해당하는 신경전달물질이 뇌에서 만들어진다는 사실을 발견했다. 그러니까 사람이 마음속으로 ‘환희’ 하고 외치면 뇌 속에서 환희의 감정을 만드는 신경전달물질이 생성되고, ‘고통’이라고 외치면 고통의 감정을 만드는 신경전달물질이 생성된다.

미국의 하트매스Heart Math연구소는 사랑의 말에 치유의 힘이 있다는 사실을 발견했다. 환자가 사랑의 감정을 연습하고 말로 표현하면 스트레스 호르몬 수치가 현격하게 줄어들고 고혈압이 정상 수치로 내려가고 면역력이 좋아지고 노화마저 늦출 수 있다. 그리고 암을 비롯한 모든 질병의 치료에 효과를 보인다.

《사랑의 치료Healing with Love》라는 책을 쓴 레너드 라스코Leonard Laskow는 사랑의 말이 인간의 DNA에 직접적인 영향을 미친다고 주장했다. DNA가 들어 있는 시험관을 사랑의 감정으로 바라보며 "DNA야, 네 고리를 풀렴." 하고 외치면 실제로 DNA의 고리가 풀리고 "네 고리를 감으렴." 하고 외치면 풀린 DNA의 고리가 원래대로 감긴다는 것이다. 그러나 미움, 실망, 낙담, 좌절 같은 사랑에 반하는 감정을 가진 사람이 DNA를 향해 말하면 어떤 변화도 나타나지 않는다고 한다.

과학, 의학, 심리학 등에 종사하는 연구자들은 지금 이 순간에도 말이 인간의 운명에 직접적인 영향을 미친다는 증거를 끊임없이 발견하고 있다. 만일 당신이 꿈을 가지고 있으면서도 소리 VD를 실천하지 않는다면 과학과 의학과 심리학에 역행하고 있다고 볼 수 있다. 지금부터라도 소리쳐 미래를 창조하기를 바란다.

평범한 사람들의 대범한 선언

Y는 다음과 같은 내용의 메일을 보내왔다.

"D대학교 사진 공모전에 응모할 때의 일입니다. 작품을 제출하고 이렇게 말했습니다. '나는 반드시 최우수상을 받을 것이고 총장님과 기념사진을 찍을 것이다!' 그러고는 시상식 때 입을 옷을 챙겨두었습니다. 얼마 뒤 저는 진짜로 최우수상을 수상하게 되었습니다. 100만 원을 호가하는 전문가용 카메라도 아닌 20만 원대의 평범한 카메라로 이처럼 좋은 결과를 얻을 수 있었던 것은 VD 덕분이라고 생각합니다."

S는 이렇게 고백했다.

"저는 밥을 먹으면서도 손을 씻으면서도 마음속의 도화지에 꿈을 이룬 내 모습을 그리며 즐거워했습니다. 그리고 입만 열면 '나는 선생님이 된다!'라고 말하고 다녔습니다. 지금 저는 제 꿈을 이룰 수 있는 학교에 다니고 있습니다."

J는 다음과 같은 사연을 전해왔다.

"제 수리영역 모의고사 점수는 100점 만점에 30~40점 대였습니다. 하지만 저는 90점대를 꿈꾸었습니다. 그래서 아무리 어려운 문제를 만나더라도 '난 이 문제를 풀 수 있어. 나만의 방식으로 반드시 풀고 말겠어!'라고 말하며 VD를 했습니다. 비록 제 모의고사 점수는 약 1년간 별다른 변화가 없었지만 믿음을 가지고 VD를 계속 했습니다. 결과를 말씀드리겠습니다. 수능 시험을 치르고 수리영역 가채점을 했더니 92점이라는 기적의 점수가 나왔습니다. 실제 수능 성적표에도 수리영역 1등급이라고 찍혀 있습니다. 제 사례가 수험생들에게 희망이 되었으면 합니다."

만일 당신이 이루고픈 꿈을 말로 선언한다면, 그 꿈을 진심을 담아 100번 넘게 외친다면, 밥을 먹으면서도 손을 씻으면서도 꿈을 이룬 모습을 그리며 즐거워한다면, 아무리 어려운 상황을 만나도 "난 꿈을 이룰 거야!" 하면서 전진한다면, 1년 혹은 10년 가까이 아무런 변화가 없더라도 포기하지 않고 VD를 한다면 당신의 꿈은 이루어질 것이다.

세 사람의 사례가 주는 교훈은 이것이다.

마음의 캔버스에 그린 그림을 말로 표현하면 현실이 된다.

삶은 부메랑이다.

우리들의 생각, 말, 행동은

언제가 될지 모르나

틀림없이 되돌아온다.

그리고 정확하게 우리 자신을

그대로 명중시킨다.

말에는 창조의 힘이 숨어 있다.

원하는 것을 말하고 또 말하라.

– 플로렌스 스코블 쉰 –

Vivid Dream = Realization

Chapter 6

희망

내 꿈에 기적이 찾아오는 순간은 언제일까

당신이 꿈 좀 꾸었다고 해서
안 될 게 뭔가?
그건 그렇다 치고
꿈속에서 당신이 천국으로 가서
어떤 기묘하고 아름다운 꽃을 심었다고 해서
안 될 게 뭔가?
그건 그렇다 치고
깨어났을 때
당신이 그 꽃을 손에 쥐고 있다고 해서
안 될 게 뭔가?

— 새뮤얼 테일러 콜리지 —

1. 가출 경력만 세 번인 고등학교 3학년. 곧 있으면 스무 살이 되는 소년은 오늘 네 번째 가출을 했다. '이번에는 막노동 대신 공장에 취직해볼까? 그럼 돈을 좀 더 벌 수 있지 않을까?' 어른들의 세계를 향해 허락되지 않은 발걸음을 내딛는 소년의 머릿속은 이런 생각으로 가득하다.
2. 새벽형 인간이자 워커홀릭인 남자. 그에게 있어 삶은 곧 일이다. 부지런함과 성실성만 놓고 본다면 그를 따라갈 사람이 우리나라에 과연 얼마나 있을까? 아마 10명도 안 될 것이다. 한편으로 그는 가히 독보적인 몰입능력을 가지고 있다. 그는 일하는 동안 자기 자신을 완벽하게 잊는다. 만일

당신이 그의 일하는 모습을 한 번이라도 보게 된다면 깨닫게 될 것이다. 무아지경이라는 말을 언제 써야 하는지를.

시계를 10년 뒤의 미래로 돌려보자.

퇴근길에 과일 가게에 들른 남자는 썩은 사과를 한 봉지나 샀다. 사과를 좋아하는 어머니께 드리기 위해서다. 비록 겉보기에는 먹을 수 없는 것처럼 보여도 썩은 부위를 잘라낸 뒤 보기 좋게 깎아서 예쁜 접시에 올리면 싱싱한 사과 못지않다는 걸 그는 잘 알고 있다.

물론 그도 어머니께 제대로 된 사과를 드리고 싶다. 그러나 그는 가난하다. 싱싱한 사과를 살 돈이 그에게는 없다. 오늘처럼 비참한 현실에 대한 자각이 가슴을 칠 때면 그는 그냥 땅바닥에 주저앉아 아이처럼 엉엉 울고 싶다.

그러나 그는 한 번도 울지 않았다. 그런다고 달라질 건 아무것도 없다는 것을 잘 알기에. 그는 다만 의미를 알 수 없는 씁쓸한 미소를 지으며 집으로 향할 뿐이다. 늘 그렇듯이.

이쯤에서 문제를 하나 내고 싶다.

싱싱한 사과를 살 돈이 없어 썩은 사과를 사서 집으로 가는 그는 누구일까?

1. 가출한 소년.
2. 새벽형 인간이자 워커홀릭이며 탁월한 몰입능력을 가진 남자.

답은 2번이다.

정주영의 아버지는 평생 일밖에 모르고 산 사람이다. 그는 언제나 동틀 무렵에 집을 나섰다. 자신의 일을 사랑했기 때문이다. 또 그는 업무를 시작하면 온종일 고작 서너 마디밖에 안 했다. 하루 이틀 그런 게 아니었다. 매일 그랬다. 그가 그렇게 한 것은 필요 이상으로 과묵했거나 사교성이 없었기 때문이 아니었다. 자기 자신을 잊을 정도로 일에 빠져들었기 때문이었다.

정주영의 아버지는 모두가 인정하는 워커홀릭이었고 놀라운 몰입능력의 소유자였다. 그러나 그는 평생 돈과는 거리가 먼 삶을 살아야 했다. 실제로 그는 어머니께 썩은 사과를 사드려야 했을 정도로 가난하기 이를 데 없는 생활을 했다. 이 일화는 정주영의 자서전에 기록되어 있다.

이쯤 되면 1번이 누구인지 대충 짐작할 수 있을 것이다. 그는 현대그룹을 창업한 정주영이다.

상식적인 관점에서 볼 때 부자가 되어야 할 사람은 2번 스타

일의 사람이다. 그런데 사실은 전혀 다른 이야기를 하고 있다. 이 비교를 하는 동안 나는 머릿속이 아득해지면서 가슴이 꽉 막히는 것만 같은 기분을 느꼈다. 내가 소중하게 생각하는 사람들 중에 2번 스타일이 많기 때문이다.

항상 일을 즐겁게 할 수 있는 비결

정주영은 자서전《시련은 있어도 실패는 없다》에서 다음과 같이 말하고 있다.

"아무 생각 없는 사람에게 전진이란 있을 수 없다. 교육받은 사람이 아무 생각 없이 하루하루를 보내면 교육받지 못했어도 열심히 생각하는 사람을 따라갈 수가 없다. 생각하는 사람과 생각이 없는 사람의 차이는 일을 해보면 교육과 상관없이 질적인 면에서나 능률 면에서나 하늘과 땅 차이가 난다."

우리의 고정관념을 깨뜨리는 말이다. 우리는 보통 그의 성공 비결을 불도저 같은 추진력으로 알고 있다. 그러나 그는 전혀 다른 말을 하고 있다.

"정신은 계량할 수 없고 눈에 보이는 것도 아니지만 바로 그 보이지 않는 정신이 일의 성패를 좌우한다."

앞에서 '생각'이라는 단어로 표현됐던 성공 비결이 여기서는 '정신'으로 표현되고 있다. 이를 통해 우리는 그가 자신의 성공 비결을 정확하게 파악하지는 못했음을 유추할 수 있다. 다음 구절을 보면 앞에서 말한 '생각'은 'Think'보다는 'Dream'에 가깝다고 판단할 수 있다.

"긍정적으로 사고하고 향상된 미래를 꿈꾸기에 항상 일이 즐겁다."

'생각'과 '정신'으로 표현됐던 성공 비결이 보다 자세하게 설명되고 있다. 우리는 이를 통해 그가 말한 '생각'과 '정신'이 R=VD에서 말하는 VD임을 알 수 있다.

한편으로 이 구절은 많은 자기계발 작가와 강사들의 오해를 불러일으켰다. 일을 즐겁게 하는 것이 성공의 제일 비결이라고 착각하게 만들었던 것이다. 우리는 여기서 한 발짝 더 나가보자. "그렇다면 어떻게 해야 항상 일을 즐겁게 할 수 있는가?"라는 질문을 던져보자는 말이다. 여기에 대해서는 그가 분명하게 대답했다. "긍정적으로 사고하고 향상된 미래를 꿈꾸어라!" 쉽게 말해 VD를 하라는 말이다. 즉 정주영의 성공 제일 비결은 R=VD 공식을 실천하는 것이라고 볼 수 있다.

"언젠가부터 나는 굴곡 많은 서해안의 해안선을 일직선으로 바꾸어놓는 꿈을 꾸기 시작했고, 그 첫 단계 사업으로 착안한 것이 우리나라 최대의 천수만 간척이었다."

'생각', '정신', '긍정적 사고', '향상된 미래 꿈꾸기' 등 다양한 단어로 표현된 그의 성공 비결은 VD임이 한층 명백하게 드러나는 구절이다. 이 구절에서 알 수 있듯 그는 먼저 VD를 한 뒤에 행동에 들어간다. 즉 정주영의 초인적인 추진력의 바탕에는 R=VD 공식이 자리하고 있음을 알 수 있다.

"충실한 삶을 살고 싶으면 일찍 일어나 생각하는 시간을 갖고 일에 임해야 할 것이다."

《꿈꾸는 다락방》에서 반복적으로 강조한 이야기 중 하나가 불가능해 보이는 꿈을 이룬 사람들은 공통적으로 기상하자마자 R=VD 공식을 실천한다는 것이었다. 정주영 역시 똑같은 이야기를 하고 있다. 여기서 말하는 '생각하는 시간'은 'Think Time'이 아니라 'Dream Time'이라는 것은 다음의 일기에 잘 나타나 있다.

> "새벽 4시에 기상해서 여러 가지 크고 작은 상상을 즐기고 조간신문을 본 뒤에 새벽 목욕을 했다."
>
> — 1991년 3월 8일 일기 중에서

"새벽 4시 기상, 명상에 잠겨 미래를 긍정적으로 상상하며 공상을 즐겼다."

— 1991년 3월 12일 일기 중에서

정주영에게는 하루를 시작하기 전에 즐거운 마음으로 미래를 생생하게 꿈꾸는 습관이 있었다. 이 습관이 있었기에 평생 동안 전혀 지치는 일 없이 꿈을 향해 행복하게 돌진할 수 있었고 평범한 사람들은 상상조차 못할 거대한 성공을 이룰 수 있었다.

경영의 신, 정주영의 습관

정주영의 일생은 R=VD 그 자체라고 해도 과언이 아니다.

인천 부둣가에서 막노동꾼으로 일할 때였다. 당시 그는 허리가 무너지는 것 같은 고통을 견디면서 하역 작업을 했다. 그때 그가 마음속으로 무슨 생각을 했을까?

자신의 비참한 운명을 생각하며 한탄을 했을까? 아니면 돈 없고 능력 없는 자신을 노예 취급하는 사회의 구조를 생각하며 울분을 품었을까? 그것도 아니면 일 끝나고 받을 품삯을 기대하며 아무 생각 없이 일만 했을까?

다 아니다.

그는 꿈을 생각했다. 처음으로 등짐을 질 때 가졌던 자신의 꿈을 그리고 또 그렸다. 하루에도 수천 번씩 마음속으로 "나는 언젠가 반드시 조선소를 지을 것이다! 나로 하여금 등짐을 지게 만든 이 거대한 배들을 내 손으로 만드는 사람이 되고야 말 것이다!"라며 꿈을 외치고 또 외쳤다.

쌀가게에서 점원으로 일했을 때다. 어느 날 그는 온통 대리석으로 장식된 으리으리한 집에 배달을 가게 되었다. 알고 보니 당시 전국에 350개 지점을 가지고 있었던 화신백화점 창업주 박흥식의 집이었다. 말로만 듣던 대재벌의 집을 난생 처음 본 정주영은 무슨 생각을 했을까?

'세상 참 불공평하다. 누구는 집도 없이 가게 한 구석에서 살고 있는데 누구는 재벌이라고 이런 집에서 살고…….' 이런 부정적인 생각을 했을까? 아니면, '내가 이런 대단한 집에 배달을 다 하다니 이건 빅뉴스다, 빅뉴스!' 하면서 바보처럼 쌀가마니만 열심히 날랐을까? 그것도 아니면 대저택의 위용에 기가 죽은 나머지 식은땀만 뻘뻘 흘렸을까? 그렇게 얼빠지게 일하다가 터무니없는 실수를 저지르고 욕을 얻어먹고 하면서 말이다.

물론 여러 가지 감정이 교차했을 것이다. 그도 우리와 똑같은 인간이었으니까. 처음에는 깜짝 놀랐을 것이고 이어 미치도록 부러웠을 것이다. 그리고 질투와 시기심도 느꼈을 것이다. 하지만 결론적으로는 꿈을 갖기로 한 것 같다. 배달을 마치고 대저택을 나서는 순간 정주영은 그 집의 주인이 된 자신의 모습을 생생하게 꿈꾸면서 이렇게 선언했으니까 말이다.

"나는 반드시 이 집의 주인이 되고야 말겠다!"

약 60여 년 뒤인 2000년 3월, 박흥식의 집은 진짜로 정주영의 소유가 된다. 인천 부둣가에서 하역 작업을 하면서 가졌던 꿈 역시 이루어졌다. 세계 1위의 조선회사 현대중공업이 그 꿈의 결과물이다.

정주영은 한민족 5,000년 역사상 사업으로 가장 크게 성공한 사람이라고 할 수 있다. 그에게는 다음과 같은 비결이 있었다.

첫째, 불가능해 보이는 꿈을 가졌다.

둘째, 매일 매 순간 마음의 눈으로 꿈을 생생하게 바라보며 소리 VD 기법을 실천했다.

셋째, VD로 1%의 영감을 만들면서 99%의 노력을 더했다.

넷째, VD가 R이 되었다.

당신은 앞으로 어떻게 살 것인가? 어제와 똑같은 삶을 반복할 것인가? 아니면 정주영의 성공 비결인 R=VD 공식을 실천할 것인가?

꿈이 불러온 한강의 기적

현대 경영학의 창시자로 불리는 피터 드러커는 우리나라를 극찬했다. 한국은 미국과 유럽이 100~300년에 걸쳐 일궈낸 경제 부흥을 30년 만에 이루어낸 위대한 국가라고.

우리나라는 경제부흥의 꿈을 이루기 위해 다음과 같은 방법을 사용했다.

첫째, 선진국들마저 100~300년에 걸쳐 이룩한 경제 기적을 고작 30년 만에 이루겠다는 불가능한 꿈을 가졌다. 심지어 한국전쟁으로 인해 나라가 잿더미가 된 상황에서 이 꿈을 가졌다.

둘째, 국민 전체가 경제 기적을 일으킨 미래의 대한민국을 구체적으로 상상하며 반드시 그런 국가를 만들고야 말겠다고 입이 닳도록 선언했다. 심지어 그런 내용의 노래를 만들어 매일 목이 터져라 불렀다. 그렇게 우리나라는 에디슨이 말한 '1%의 영감'을 만들었다.

셋째, 세계에서 가장 부지런한 민족이라는 칭송을 들을 정도로 열심히 땀 흘려 노력했다. 그렇게 우리나라는 에디슨이 말한

'99%의 노력'을 만들었다.

이렇게 하자 실제로 '한강의 기적'이라 불리는 경제부흥이 일어났다.

우리나라의 성공에 자극받은 제3세계의 많은 국가들이 우리나라를 방문해 성공 비결을 배워갔다. 조국의 미래가 달린 일이었기에 다들 심혈을 기울여 배웠고, 자기 나라로 돌아가서는 배운 바를 열정적으로 실천했다. 그러나 현재까지 한강의 기적에 준하는 경제부흥을 일으킨 나라는 없는 것으로 알고 있다.

그 이유는 무엇일까? 방법론적 측면에서 보면 무수한 원인이 있을 것이다. 하지만 정신적 측면에서 보면 단 하나다. 그들은 우리나라 사람들이 하나가 되어 경제 기적을 생생하게 꿈꿨다는 것은 알지 못했다. 또는 알고도 실천하지 못했다.

우리나라는 IMF 때부터 지금까지 위험과 불안의 소용돌이 속에서 살아오고 있다. 그 이유를 찾는다면 무수히 많을 것이다. 하지만 정신적 측면에서 보면 오직 한 가지밖에 없다. 우리나라는 꿈을 잃어버렸다. 한때 세계에서 가장 강렬하게, 지속적으로, 생생하게 꿈꾸었던 그 능력을 잃어버렸다.

한강의 기적을 이룬 뒤로 무슨 일들이 있었는가? 물질만능주의, 허무주의, 퇴폐주의의 망령이 우리나라를 휩쓸었다. 한편으로 꿈을 비웃고 무시하는 일들이 도처에서 벌어졌다. 그 결과 어떻게 되었는가? IMF가 도적처럼 찾아왔다.

지난 10여 년 동안 우리나라는 각계각층에서 위기를 극복하기 위한 수많은 해법을 내놓았고 그 해법들을 열심히 실천했다. 하지만 변한 것은 없다. 아니, 갈수록 더 나빠지고 있는 형국이다. 어쩌면 우리는 한강의 기적을 일으킨 정신은 배울 줄 모르고 경제개발 5개년 계획 같은 노하우만 배울 줄 알았던 제3세계 국가들의 과오를 되풀이하고 있는 것은 아닐까?

대표적으로 샌드위치 위기론을 보자. 여기에 대해서는 각계의 전문가들이 수많은 해법을 제시하고 있다. 물론 나는 이쪽 방면의 전문가가 아니기 때문에 그 모든 해법이 훌륭한 것이라고 생각한다.

그런데 문제가 있다. 대부분의 전문가들이 너무 부정적인 이야기만 한다. 이렇게 가다가는 우리나라는 끝장난다는 식이다. 그들은 보통 불안한 현실 인식으로 시작해서 암울한 미래 전망으로 끝낸다. 담담한 현실 인식으로 시작해 희망적인 미래 전망으로 끝낸다고 해서 나쁠 것은 아무것도 없는데 말이다.

우유 통에 빠진 개구리가 자유를 되찾으려면 어떻게 해야 할까? 불안한 현실 인식과 암울한 미래 전망을 해야 할까? 우유 통의 깊이를 가늠해보며 '이제 끝장이구나.' 하고 생각한다든지 사람이 와서 자신을 발견할 가능성을 생각하며 공포에 떠는 경우 말이다. 만일 그렇다면 그 개구리는 절망감에 사로잡힌 나머지 다리에 힘이 풀려 우유 통 깊숙이 가라앉고 말 것이다.

이런 경우 개구리는 노래를 불러야 한다. 우유 통 바깥 세계를 꿈꾸며 희망의 노래를 불러야 한다. 그래야 큰 힘을 낼 수 있고 열심히 우유를 휘저을 수 있다. 그러면 어느 샌가 우유는 굳어서 버터가 되고 개구리는 버터를 딛고 껑충 뛰어 통 바깥으로 나갈 수 있다. 우리나라도 마찬가지다.

우리는 답을 알고 있다

우리나라는 일본의 경제력과 중국의 잠재력 사이에 끼인 것이 아니다. 우리나라는 경제부흥을 다시 한 번 일으킬 수 있다는 일본의 뜨거운 꿈과 미국처럼 부강한 나라를 만들 수 있다는 중국의 강력한 꿈 사이에 끼인 것이다.

여기서 빠져나오려면 어떻게 해야 할까? 일본보다 더 뜨겁게 꿈을 꾸고 중국보다 더 강력하게 꿈을 추구해야 한다. 세계 최고의 국가를 넘어 인류 역사상 가장 위대한 국가를 만들 수 있다는 꿈을 꾸고, 그 꿈을 온 국민이 열광적으로 추구해야 한다.

한국은 안 된다느니 아직 멀었다느니 하는 부정적인 말은 우리 모두의 의식과 입술에서 영원히 추방해야 한다. 샌드위치 위기론 운운하면서 발전적이고 희망적인 대안은 제시하지 못하고 부정적이고 절망적인 미래상만을 이야기하는 행위 역시 마찬가지다. 우리는 알아야 한다. 다름 아닌 이런 부정적인 말들이 우리의 미래를 어둡게 함을.

우리나라가 성공을 생생하게 꿈꾸었을 때 기적이 찾아왔다.

우리나라가 생생하게 꿈꾸기를 멈추었을 때 IMF가 찾아왔다.

눈부신 미래를 생생하게 꿈꾸기는커녕 꿈을 갖는 것조차 두려워하는 당신에게 묻고 싶다.

만일 당신이 지금처럼 살아간다면 당신의 미래에 무엇이 찾아올까?

아주 사소한 생각조차
영향을 미쳐 뇌 구조를 바꾼다.
생각 하나하나가
뇌 구조를 쉬지 않고 바꾼다.
좋은 생각이든, 나쁜 생각이든
뇌에 배선을 만든다.
같은 생각을 여러 번 반복하면
습관으로 굳어버린다.
성격도 생각하는 방향으로 바뀐다.
그러니 생각을 원하는 방향으로 바꾸고
그 상태를 단단히 유지해
새로운 습관을 들여라.
그러면 뇌 구조가
거기에 맞게 변경될 것이다.

– 윌리엄 제임스 –

Vivid Dream = Realization

Chapter 7

믿음 + 글 VD

기록하라! 읽을 때마다 가슴 뛰는 꿈을

꿈을 갖지 못하는 이유,
꿈을 이루기 위한 구체적인 행동에 돌입하지 못하는 이유는
두뇌가 꿈을 이룰 수 있다는 사실을 믿지 못하기 때문이다.
부정적인 사고방식의 노예가 되어 있기 때문이다.

두뇌는 어떤 터무니없는 정보라도 반복적으로 접하다 보면
나중에는 그 정보를 완전히 신뢰하게 된다. 세뇌당하는 것이다.

부정적인 사고방식을 긍정적인 것으로 바꾸는 데도
이 방법을 사용할 수 있다.
아무리 터무니없어 보이는 꿈이라도 종이에 계속 적어나가다 보면
두뇌는 그 꿈을 점차 믿게 된다.
그리고 그 꿈을 이룰 수 있는 구체적인 액션플랜을
무차별적으로 쏟아내게 된다.

내가 초등학교 교사이던 시절의 일이다. 나는 걸어서 출근했는데, 아름다운 숲을 세 번 가로지르면 학교가 나왔다. 나는 출근하는 동안 마음의 펜을 들어 허공에 이렇게 쓰곤 했다.

"나는 최고의 작가다. 지금 내 전화기에 한국 최고의 편집자들의 전화가 쏟아지고 있다. '제발 제게 원고를 주세요.'라는. 지금 내 메일함에 독자들의 메일이 쌓이고 있다. '당신의 글이 내 인생을 바꾸었습니다. 감사합니다.'라는. 지금 내 책이 베스트셀러 1위에 오르고 있다. 나는 세계 최고의 작가다. 지금 일본, 중국, 대만, 미국 최고의 출판사들이 내 원고를 가져가기 위해 비행기를 타고 앞다투어 날아오고 있다."

교실 책상에는 내 꿈을 적은 쪽지가 있었다. 나는 아이들을 가르치는 틈틈이 꿈의 쪽지를 읽었다. 쪽지를 읽다가 가슴에서 무언가 뜨거운 것이 솟구칠 때면 아이들을 향해 이렇게 말하곤 했다.

"선생님은 작가가 될 거다. 사람들의 사랑을 아주 많이 받는 멋진 작가 말이야!"

내가 너무 진지했기 때문일까? 처음에는 황당해하던 아이들이 어느 날인가부터 나보다 더 진지한 얼굴로 내 꿈의 선언을 들었다.

내 꿈의 쪽지는 몇 년 동안 현실이 되지 않았다. 늘 그랬듯이 편집자들은 나에게 전화를 거의 걸지 않았고, 독자들 역시 메일을 거의 보내지 않았다. 그러나 나는 행복했다. 때론 우울하기 짝이 없는 날도 있었지만 대체로 매우 행복했다. 아마도 당시의 나는 전화로 불이 난 편집자들의 전화기와 독자들의 메일로 폭주하는 메일함을 마음의 눈으로 보고 있었기 때문이 아닐까.

숲을 세 번 가로지르면 나오는 학교에 몸담기 전의 일이다. 첫 발령지로 지하철을 타고 출근했던 나는 한 여자 선생님과 일종의 교환 수업을 했다. 나는 과학을 가르치는 게 싫었고 그 선생님은 체육을 가르치는 게 싫었다. 그래서 우리는 과학 수업과 체육 수업을 맞바꾸었다. 내가 운동장에서 그 선생님 반 아이들을 가르치는 동안 그 선생님은 우리 반에서 과학 수업을 했다. 나는 당시에도 꿈 쪽지를 가지고 있었다.

어느 날 나는 그 선생님에게 꿈 쪽지를 들켰다. 그 선생님은 복잡한 눈길로 나를 바라보았다. 그 눈은 마치 이렇게 말하는 듯했다.

'당신, 아무리 발버둥 쳐도 안 될 텐데……. 이런다고 되는 거 아닐 텐데…….'

나는 그 상황이 심히 민망했지만 용기를 내어 말했다.

"난 정말 여기에 적힌 대로 될 거거든요."

그랬더니 그녀가 시니컬하게 웃으며, "그럼 난 지금 세계적인 작가랑 대화하고 있는 거네요."라고 했다. 듣는 사람을 굉장히 좌절케 만드는 목소리였다.

언젠가 그 선생님이 이런 말을 한 적이 있다.

"나는 단 한 번도 초등학교 교사를 꿈꾼 적이 없어요. 내 꿈은 화가예요. 그래서 매일 열심히 화실을 다니고 있어요. 그림을 그릴 때 난 살아 있다는 감정을 느낀답니다. 비록 안정적이라는 이유 하나로 초등학교 교사가 되긴 했지만 미술 시간이 있어서 기뻐요. 만일 미술 수업마저 없었다면 전 어떻게 되었을까요? 생각만 해도 끔찍하네요."

나는 그 선생님에게 그렇다면 오늘부터 꿈을 글로 적으라고 알려주었다. 나처럼 꿈을 적은 종이를 코팅해서 눈길이 자주 머무는 곳마다 붙여놓고 큰 소리로 읽으면 생각했던 것보다 더 빨리 꿈을 이룰 수 있다고 친절하게 덧붙이기까지 했다. 하지만 그 선생님은 내 말을 다 듣고 피식 웃더니, "커피나 마시죠!" 하며 커피믹스와 종이컵을 꺼냈다. 그리고 커피포트의 '켜짐' 버튼을 눌렀다.

나는 지금도 그 선생님이 안타깝다. 내가 조언해준 대로만 했다면 지금쯤 꿈을 이루고도 남았을 것이기 때문이다. 그녀는 정말 모두가 인정할 정도로 미술에 재능이 있었고, 남들이 상상하지 못할 노력을 기울였다. 하지만 그녀는 아직도 꿈을 꿈으로 남겨두고 있다.

나는 꿈을 가졌음에도 불구하고 그 꿈을 글로 적을 정도의 믿음과 열정을 갖지 않는 사람들이 벌을 받고 있다는 생각을 할 때가 있다. 그들은 자신을 믿지 않기 때문에 스스로에게 벌을 받고 있는 거다. 그 벌의 형태는 다름 아닌 꿈을 꿈으로 남겨두고 있는 삶이다. 물론 내가 말하는 '자신을 믿는다.'는 의미는 자만이나 교만과는 거리가 먼, 열등감과 반대되는 개념의 자신감을 갖는다는 의미다. 나의 이런 생각이 엉뚱하다는 것을 잘 안다. 그리고 나는 꿈을 글로 적으면 왜 이루어지는지 명확하게 설명할 수 있을 만한 근거도 갖고 있지 않다. 하지만 어쩌랴. 나의 경우를 놓고 보면 글로 적은 꿈들이 이루어졌는데. 그리고 성공한 사람들은 하나같이 꿈을 글로 적는 습관을 가지고 있는데.

레오나르도 다빈치, 꿈을 글로 적다

"나는 내 밭에서 떠나지 않을 것이다."

"그 무엇도 나를 꺾을 수는 없다."

"어떤 장애물이 내 앞을 가로막더라도 뜨거운 노력으로 극복할 것이다."

"나는 계속 전진할 것이다."

"나는 유용한 인물이 되기 위해 끊임없이 노력할 것이다."

《레오나르도 다빈치처럼 생각하기》에 따르면 레오나르도 다빈치는 노트에 위와 같은 구절을 쓰면서 불멸의 작품을 향한 위대한 꿈을 불태웠다고 한다.

레오나르도 다빈치는 꿈을 글로 적으면 어떤 특별한 힘이 내면에 생겨난다는 사실을 잘 알았던 것 같다. 그래서 그는 적고 또 적었던 것 같다. 자신의 나약한 마음에 힘과 용기를 심어주는 글을. 자신의 위대한 미래를 예언하는 글을. 쉽게 말해 레오나르도 다빈치는 글 VD 기법의 실천자였다.

사람은 자신의 마음속에 있는 것을 자기도 모르게 글로 적는 습관이 있다. 당신은 이제껏 무엇을 적어왔는가? 지난 인생을 잠시 돌아보라. 아마도 당신은 노트만 수십 권 넘게 썼을 것이다. 그중에 당신의 마음속을 요동치게 만드는 꿈을 적은 노트가 있는가? 아마도 없을 것이다.

이쯤에서 스스로에게 다음 질문을 던져보자.

"내가 꿈을 이루지 못한 채 살고 있는 것은 혹시 꿈을 적은 노트가 한 권도 없기 때문에 그런 것은 아닐까?"

불가능한 조건을 딛고 꿈을 이룬 사람들 중에 꿈을 적는 습관을 갖지 않은 사람은 찾아보기 어렵다. 아니 꿈을 믿는다면, 꿈이 반드시 이루어진다는 사실을 진정으로 믿는다면 어떻게 꿈을 적지 않을 수 있을까? 마음속의 눈으로 이미 꿈을 이룬 자신의 모습을 항상 생생하게 보고 있는 사람, 즉 VD를 하는 사람은 위대한 미래를 예언하는 글을 적지 않을 수 없다.

미래에 대한 꿈으로 가슴이 벅차올라본 적이 있는 사람이라면 누구나 경험해보았을 것이다. 손에 펜만 쥐면 메모지든 노트든 연습장이든 책의 여백이든 "내 꿈은 무엇이다. 나는 언제까지 반드시 내 꿈을 이루고야 말 것이다. 무슨 일이 있어도 그렇게 만들 것이다."라는 식으로 가슴속을 가득 메운 뜨거운 무엇을 기어코 풀어놓아야 직성이 풀리는 것을. 그렇게 뜨거운 마음은 글로 표현되고, 그 글들은 어느 날 문득 현실이 되어 나타난다.

생생하게 꿈꾸고 싶다면 힐튼처럼

호텔 왕 힐튼은 자서전《비 마이 게스트Be My Guest》에서 말했다.

"나는 38센트의 월급을 받던 말단 샐러리맨 출신으로 성공의 사다리를 기어오른 사람이다. …… 구체적으로 말해서…… 햇볕이 쨍쨍 내리쬐던 어느 외딴 마을의 작은 상점에서 하루 14시간씩 일하던, 스페인인, 멕시코인, 네이티브 아메리칸, 거친 사냥꾼, 광부들과 함께 일을 하던 순진한 청년이 어떻게 불가능해 보이는 꿈을 이룰 수 있게 되었을까? 어떻게 그가 멋진 넥타이를 메고 세상에서 가장 화려한 여자들과 춤을 출 수 있게 되었을까? 어떻게 그가 모든 호텔 중에 가장 큰 호텔인 월도프 호텔의 그랜드 볼룸에서 리셉션을 개최하고 3,500여 명의 유명인사를 맞이하는 사람이 될 수 있었을까? 불가능한 꿈을 꾸고 그 꿈을 실천하는 모험을 했기 때문이다."

여기에 덧붙여 그는 이렇게 말했다.

"나는 지금도 꿈꾸기를 게을리하지 않고 있다. 아직도 나는 호텔 벨 보이 시절에 찍었던 월도프 호텔의 사진을 갖고 있다. '모든 호텔 중에 가장 큰 호텔'이라 써놓고 내 책상 유리판 밑에 넣어두었던 사진을."

《비 마이 게스트》에 따르면 모블리 호텔과 멜바 호텔에 이어 월도프 호텔의 주인이 되자마자 힐튼은 거실에 앉아서 뭔가를 했다. 그 광경을 보고 어머니가 물었다.

"얘야, 뭘 하고 있니?"

힐튼이 활짝 웃으며 대답했다.

"어머니, 앞으로 이룰 꿈을 종이에 적고 있어요. 힐튼이라는 이름을 가진 대규모의 최신식 호텔을 지을 거예요. 이 꿈은 거대한 것이에요. 저는 지금이야말로 이 꿈을 실천할 때라고 믿어요. 그런데 힐튼 호텔을 지으려면 100만 달러 넘는 돈을 모아야 해요."

어머니가 조언했다.

"얘야, 네가 진실로 그 꿈을 실현하길 원한다면 무엇보다 먼저 여호와 하나님께 기도를 드려야 한단다."

1925년 8월 4일, 댈러스에서 그토록 기도하고 VD 했던 힐튼 호텔의 개업식을 마치자마자 그는 또 종이를 꺼내 앞으로 이룰 꿈을 적었다. 이번에는 아내가 그 광경을 보고 물었다.

"그게 뭐죠?"

"미국 전역에 힐튼 호텔을 세울 꿈을 적고 있소. 구체적으로 호텔을 세울 장소를 적고 있지."

아내가 꿈의 종이를 읽으며 말했다.

"에벌린, 웨이코, 멜런, 플레인뷰, 샌앤젤로, 오번, 엘패소……. 여보, 너무 많다고 생각되지 않아요?"

힐튼이 엄숙하게 맹세하며 말했다.

"여보, 난 꿈을 꿈으로 내버려두지 않아. 앞으로 1년에 하나씩 힐튼 호텔을 지을 거야. 즉시 시작할 거야."

알다시피 힐튼이 종이에 적은 꿈은 모두 이루어졌다.

1929년에 발생한 경제공황으로 동업자들이 호텔 창문 밖으로 몸을 던질 때도 힐튼은 "아들아, 성경에서 말씀하시는 하나님께서는 네게 가장 필요한 것이 무엇인지 아신단다. 교회로 가서 기도하거라." 하신 어머니의 말을 따라 매일 아침 가슴에 성경을 품고 교회로 향했다. 그리고 실패를 딛고 호텔 왕으로 변화한 미래를 생생하게 그렸다.

변호사로부터 "법원에서 강제집행 명령문이 나왔습니다. 돈을 갚지 못하면 호텔 로비에 이 명령문이 붙을 겁니다. 파산을 신청하는 게 어떻겠습니까? 무디 가족과 손턴 씨 그리고 엘패소의 마티아스와 댈러스의 루더밀크 씨에게 빌린 돈을 갚으려면 지금 이 상태로는 아마 천 년은 더 걸릴 것입니다."라는 말을 들었을 때도 마찬가지였다. 힐튼은 아침에 교회를 찾아가 기도를 한 뒤 채권자들을 만나 꿈의 선언을 했다.

"꿈이 없는 사람은 믿음이 없는 사람입니다. 그리고 믿음이 없는 사람은 죽은 사람입니다. 나는 위대한 미래를 꿈꾸며 기도하고 있습니다. 다시 한 번 내 꿈을 믿어주십시오. 내 기도를 들어주실 하나님을 믿어주십시오."

힐튼은 오래지 않아 빚진 돈을 모두 갚았고, 전 세계에 250개에 이르는 힐튼 호텔을 세우며 호텔 왕이 되었다.

힐튼은 평생 동안 호텔 일을 자신보다 더 좋아하고, 또 더 열심히 하는 사람들에게 둘러싸여 있었다. 하지만 그들은 호텔 벨보이로 시작해 호텔계의 왕이 된 콘래드 힐튼에게 고용되어 월급을 받으며 살았다. 왜 그들은 힐튼을 뛰어넘어 호텔계의 황제가 되지 못했던 걸까? 힐튼보다 더 열심히 일했고 더 재능이 풍부했는데도 말이다. 힐튼에 따르면 그들에게는 VD를 하는 능력도 습관도 없었다. 다만 그뿐이었다.

인생이 우리의 생각과는 다른 방향으로 흘러가는 경우가 많다는 것을 여러 번 경험했을 것이다. 대표적으로 자기 밥그릇도 못 챙기고 살 것 같은 사람이 어느 날 갑자기 눈부신 성공자로 변신하는가 하면 모두가 성공을 점친 사람이 실패로 얼룩진 삶을 살기도 한다. 왜 이런 일이 벌어지는 것일까?

인간은 물질적 존재이기에 앞서 정신적 존재다. 학교 성적, 가정환경, 돈, 인맥 같은 물질적인 것들은 한 사람이 성공을 거두는 데 있어 매우 중요한 요소다. 하지만 그보다 더 중요한 것이 있다. 그것은 바로 VD를 하는 능력이다.

VD는 인간의 정신을 전혀 다른 것으로 바꾸어버린다. 불가능을 모르는 두뇌, 꿈이 이루어질 때까지 미친 듯이 도전하는 두뇌로 바꾸어버린다. 어느 날 어느 순간, VD가 정점에 도달하면 VD는 인간의 정신을 폭발시킨다. 부정적인 생각으로 가득 찬, 성공을 절대로 불러들일 수 없는 두뇌를 전혀 다른 것으로 완벽하게 바꾸어버린다.

바로 그 순간 놀라운 변화가 시작된다. 두뇌 속에서 일어난 폭발이 가슴에 불을 지르고, 그 불이 모든 장애물을 태워버린다. 바야흐로 성공의 전설이 시작되는 순간이다. 하지만 학교 성적, 가정환경, 돈, 인맥 등은 이런 폭발을 일으키지 못한다. 인간의 가슴에 불을 지르지 못한다. 꿈을 가로막는 장애물을 불태우고 날려버리지 못한다. 그것들은 인간의 정신을 바꿀 수 없기 때문이다.

당신의 가슴에 불을 지르고 싶다면, 그 불로 세상을 활활 태워버리고 싶다면 무엇보다 먼저 꿈을 가져라. 그리고 그 꿈을 글로 적어라.

꿈의 편지를 띄우는 사람들

2007년 골든 글로브 시상식장에서 있었던 일이다. 한 여배우가 연단에 오르더니 종이 한 장을 꺼냈다. 그러고는 낭랑한 목소리로 종이에 적힌 내용을 읽어내려갔다.

"이 편지를 썼을 때 저는 열한 살이었습니다. 당시 저는 하나님께 편지를 썼지요. '하나님께'로 시작하는 편지였어요. '하나님 제발, 제발, 제발 배우가 되게 해주세요. 영화 속의 예쁜 장면에 아주 많이 나오게 해주세요. 그리고 화장도 예쁘게 해서 올리비아 뉴턴 존처럼 보이게 해주세요. 리어나도 디캐프리오 같은 배우랑 키스신도 부탁드립니다. 마지막으로 언제나 배우가 되고 싶다는 꿈이 변치 않게 도와주세요.'"

그 여배우의 이름은 케이트 윈즐릿이었다. 그녀의 편지 읽기가 끝나자 사람들은 환호하며 박수를 쳤다. 박수 소리가 가라앉자 그녀는 또 다른 편지를 꺼내더니 이렇게 말했다.

"그 뒤로 20년이 지났고, 이제 저는 서른한 살이 되었습니다. 저는 또다시 하나님께 편지를 썼지요. 읽어드리겠습니다. '하나님, 제발 촬영장에 지각하지 않게 해주세요. 배우 생활을 계속할 수 있게 도와주시고, 언제나 배우가 되고 싶다는 꿈이 변치 않게 도와주세요.'"

열한 살 소녀 케이트 윈즐릿의 꿈은 이루어졌다. 그녀는 1997년 전 세계를 휩쓴 영화 〈타이타닉Titanic〉의 여자 주인공이 되어 리어나도 디캐프리오와 키스신을 찍었다.

세상에는 기적이라는 게 있다. 기적은 인간의 힘으로는 만들어낼 수 없다. 그것은 하나님의 선물이다. 인간이 하나님의 선물을 받으려면 어떻게 해야 할까? 진실하고 간절한 마음으로 어떤 한 가지 소원이 이루어질 때까지 변함없이 믿고 기도해야 한다. 눈앞의 현실이 어떤 부정적인 모습으로 펼쳐지든 개의치 않고 오직 한마음 한뜻으로 기도하고 또 기도해야 한다. 그러면 하나님께서 주신다.

나도 하나님께 참으로 많은 기도를 했던 기억이 있다. 아니, 지금도 늘 기도하고 있다. 나의 꿈을 위해. 물론 내 기도가 성경에서 말씀하시는 하나님의 나라와 그의 의를 구하는 진정한 기도에는 미달하는 것임을 안다. 내 꿈을 추구하는 세속적인 기도임을 잘 안다. 그런데 하나님께서는 이런 기도도 외면하지 않으시는 것 같다. 14년 7개월에 이르는 무명작가 시절 동안 변치 않고 기도했더니 들어주셨기 때문이다.

꿈을 글로 적으면 이루어진다는 이야기는 이제 상식이 되었다. 그러나 실제로 꿈을 글로 적는 사람은 찾아보기 어렵다. 오로지 소수의 사람들만이 꿈을 글로 적는다. 세상에 성공하지 못한 사람은 넘쳐나지만 성공한 사람은 찾아보기 어려운 현실을 이해할 수 있게 해주는 좋은 사례다.

세상에는 케이트 윈즐릿처럼 차원이 다른 성공을 거둔 사람들도 있다. 그들은 단순히 꿈을 글로 적는 차원에서 벗어나 만물의 창조주인 하나님께 꿈의 편지를 띄운다.

1862년 9월, 에이브러햄 링컨은 노예해방을 하겠다는 성명서를 발표했다. 그날 링컨은 하나님께 꿈의 편지를 썼던 것 같다. 그날 밤 링컨의 일기에는 이렇게 적혀 있었기 때문이다.

"나는 노예해방을 반드시 완수하겠노라고 하나님과 약속했다."

벤 스위트랜드의 꿈 노트

벤 스위트랜드는 '창조심리학'의 대가로 유명하다. 그는 저서 《나는 할 수 있다》에서 이렇게 말했다.

"이제부터 내가 말하려는 원칙은 내가 처음으로 생각해낸 것이 아니다. 나는 단순히 이 세상이 시작될 때부터 우리들과 함께 있던 기본 법칙과 원리의 활용을 당신에게 전하는 것뿐이다. 내가 한 일은 오직 그것들을 바로 이해하고 즉시 적용할 수 있도록 정리하고 꾸몄을 따름이다."

이어서 그는 조언한다. 인생의 꿈을 이루기 위한 계획으로 노트 한 권을 구매하라고. 그리고 인생에서 이루고 싶은 일들을 글로 적으라고. 단, 아무렇게나 적지 말고 깊이 생각하고 또 생각한 뒤 적으라고.

그의 조언은 구체적이다.

첫 페이지에는 '몸'에 대한 꿈을 적을 것. 그러니까,

1. 나는 군살 하나 없는 완벽한 몸을 가질 것이다.

2. 내 피부는 나날이 깨끗해지고, 매력적인 얼굴이 될 것이다.

3. 나는 언제나 기쁘고 활기차게 움직일 것이다. 등등.

두 번째 페이지에는 '마음'에 대한 꿈을 적을 것. 그러니까,

1. 나는 항상 밝고 아름다운 생각을 할 것이다.
2. 나는 좋은 습관으로 무장하고 나쁜 습관과는 결별할 것이다.
3. 나는 사랑과 감사로 가득한 마음으로 사람들을 대할 것이다. 등등.

세 번째 페이지부터는 갖고 싶은 것을 적을 것.

단, 그것은 당신을 행복하게 만드는 것이어야 한다. 욕심에서 비롯된 것이 아니어야 한다. 집, 자동차, 예금통장, 가구, 가전제품, 카메라…… 하는 식으로 큰 것에서 작은 것으로 나아간다. 갖고 싶은 것을 다 적으면 이루고 싶은 것을 적는다.

마지막에는 가족과 인간관계에 대한 꿈을 적을 것.

벤 스위트랜드는 매일 3회 이상 꿈 노트를 읽으라는 처방으로 이야기를 마친다. 단, 꿈 노트를 읽을 때마다 가슴이 뛰어야 한다. 의무적으로 또는 욕심으로 읽는 죽어버린 가슴에는 꿈이 이루어지는 기적이 찾아오지 않기 때문이다.

평범한 사람들의 글 VD 이야기

글 VD 기법은 독자들의 사랑을 가장 많이 받은 기법이다. 참으로 많은 사람들이 글 VD 기법으로 꿈을 이루었고, 지금도 이루어가고 있다. 다음은 글 VD로 꿈을 이룬 사람들의 이야기다.

S는 서울의 한 법원에서 판사로 근무하고 있다. 그와 나는 한때 같은 교회에서 청년부 활동을 한 적이 있다. 어느 날 그에게서 전화가 왔다.

"형, 저 결혼해요."

청첩장을 주려고 내가 사는 동네까지 찾아온 그와 점심을 함께 먹었다. 맛있게 식사를 하고 있는데 그가 갑자기, "형, 저《꿈꾸는 다락방》덕분에 결혼하게 되었어요. 고마워요."라고 했다. "내 책으로 뭘 어떻게 했길래?" 하고 물으니 그가 이렇게 대답했다.

"사실은 제가 선을 200번도 넘게 봤어요. 그런데 당황스럽게도 마음에 드는 사람을 한 명도 못 만났어요.《꿈꾸는 다락방》을 읽으면서 저는 저의 잘못을 마치 섬광처럼 깨달았어요. 제가 이상형을 만나지 못한 것은 꿈을 글로 적지 않았기 때문이었던 거죠. 저는 바로 꿈의 노트를 만들었어요. 그리고 제가 바라는 이상형을 적기 시작했죠. 외모, 성격, 학력, 신앙, 가정환경 등 구체적으로 적었어요. 그리고 그 노트를 들여다보며 VD를 했죠. 그랬더니 6개월 만에 이상형을 만나게 되었어요. 이번 주에 결혼하는 사람이 바로 그 친구랍니다."

K는 너무 힘겨운 하루하루를 보내고 있었다. 어느 날 그녀는 《꿈꾸는 다락방》을 읽었다. 그러고는 "나는 2008년 3월 말에 일본에 간다. 나는 밝고 긍정적인 마인드로 여러 친구들과 잘 어울린다. 나는 성실하고 따뜻한 마음씨를 가진 남자 친구를 만난다. 나는 공부를 열심히 해서 학교장 추천으로 원하는 미술대학에 입학한다. 나는 우수한 성적으로 미대를 졸업한 뒤 디자이너로 데뷔한다."라는 글을 매일 다이어리에 적었다. 1년 6개월 만에 그녀의 꿈은 이루어졌다. 그녀는 일본에 유학을 가게 되었고, 친구들의 인기를 독차지하는 사람이 되었고, 꿈에 그리던 남자 친구를 만났다. 그리고 학교장 추천을 받아 미대에 입학했다. 우수한 성적으로 졸업한 뒤 디자이너로 데뷔한다는 글 VD도 몇 년 뒤에 반드시 이루어질 것이다.

한편으로 그녀는 또 다른 놀라운 경험담을 전해왔다. 한국에서 하루하루를 우울하게 보내던 시절 매일 밤을 새워가며 게임에 열중하느라 사람 만나는 게 꺼려질 정도로 피부가 나빠졌는

데, "내 피부는 반드시 깨끗해질 것이다."라고 적은 꿈 쪽지를 지갑에 넣고 다녔더니 몇 달 만에 일본 친구들이 부러워할 정도로 피부가 좋아졌다는 것이다. 그녀는 덧붙였다. 꿈을 꾸고 믿으면 이루어진다고.

P는 전 과목 에이플러스를 받은 성적표를 만들었다. 그리고 그것을 바라보며 VD를 했다. 시험 기간이 끝난 뒤 그는 실제로 에이플러스로 도배된 성적표를 받았다.

세 사람의 사례가 주는 교훈은 이것이다.

마음의 캔버스에 그린 그림을 글로 적으면 현실이 된다.

네 앞에 어떤 운명이 기다리고 있을까
고민하지 마라.
운명을 겁내는 사람은
운명에 먹히고
운명을 향해 돌진하는 사람은
운명이 길을 비켜선다.
앞으로 무슨 일이 생길까를 묻지 마라.
오로지 전진하라.
담대하게 운명에 맞서라.
모든 인생의 파도가 뒤로 사라질 것이다.

– 비스마르크 –

Chapter 8

상상력

천재의 발견, 꿈 너머의 세계까지 꿈꾸다

아인슈타인의 상대성이론에 의하면
당신은 $E=mc^2$으로 설명될 수 있다.

E는 당신의 에너지, m은 당신의 몸무게, c는 광속이다.
이 공식에 따르면 당신의 에너지는, 몸무게×광속의 제곱이다.
만일 당신이 60킬로그램이라면 당신이 가진 에너지는
60×30만×1000×30만×1000이 된다.[10]

물질 10그램 속에는 900조 줄의 에너지가 숨어 있다.*
석탄 한 개를 그냥 태우는 방식으로 에너지를 얻으면
백열등 하나를 네 시간 정도 밝힐 수 있다.
그러나 아인슈타인의 방정식으로 에너지를 얻으면
같은 전구를 1조6천8백억 시간 동안 빛나게 할 수 있다.[11]

만일 당신의 육체 안에 숨어 있는
모든 에너지를 방출할 수 있다면, 어떤 일이 벌어질까?
육체뿐 아니라 정신 속에 숨어 있는 에너지까지
모두 쓸 수 있다면…….

* 1줄은 1킬로그램의 물체를 1미터 움직이는 데 필요한 에너지다.

이런 가정을 해보자. 서울에 있는 당신에게 분초를 다투는 급한 일이 생겼다. 그래서 지금 당장 부산으로 내려가야 한다. 그런 당신 앞에 어떤 사람이 헐레벌떡 뛰어온다. 알고 보니 아버지의 죽마고우다. 당신은 극진한 인사를 올린다. 그분은 흡족한 얼굴로 인사를 받더니 신속하게 가방 한 개를 건넨다. 웬일인가 싶어 열어보니 짚신이 들어 있다. 그것도 무려 열 켤레나. 어리둥절해하는 당신에게 아버지의 죽마고우가 말씀하신다.

"급히 부산에 내려가야 할 일이 생겼다고 들어서 짚신을 좀 사 왔네. 허나 부산이 어디 하루 이틀 걸리는 덴가. 열 켤레라도 금방 해질 걸세. 그러니 노잣돈 두둑하게 챙겨 가게. 앞으로 짚신을 열 켤레 더 사야 할지도 모르니 말일세."

당신은 어이가 없지만 이내 사람 좋은 웃음을 지으며 대답한다.

"아이코, 어르신. 요새는 고속열차가 있어서요. 가만히 앉아서 부산까지 갈 수 있답니다. 그것도 두 시간 반 정도밖에 안 걸려요."

그러자 아버지의 죽마고우가 화를 내며 말한다.

"예끼, 이 사람아, 거짓말도 유분수지. 세상에 그런 게 어디 있나. 잔말 말고 짚신이나 받게!"

당신은 도대체 이분이 왜 이러나 싶어 두 눈을 가늘게 뜨고 바라본다. 눈빛은 물론이고 얼굴 표정까지 진지하다. 알고 보니 이분, 서울에서 부산까지 가는 방법은 오직 걸어서 가는 것밖에 없다고 진심으로 믿고 있다. 당신은 갑자기 시공이 뒤틀리는 것 같은 기분을 느낀다.

당신은 마음을 겨우 진정시키며 그분께 고속열차와 고속버스 그리고 자가용에 대해 설명한다. 하지만 그럴수록 그분은 당신을 미친놈 바라보듯 한다. 마침내는 허탈한 표정으로 하늘을 쳐다보더니 이렇게 탄식한다.

"자네 아버지가 자식을 잘못 키워도 단단히 잘못 키웠구먼. 나원 참, 서울에서 부산까지 앉아서 갈 수 있다고 하질 않나, 두 시간 반이면 갈 수 있다고 하질 않나. 헛소리를 해도 정도가 있지. 그나저나 자네 아버지가 안됐구먼, 안됐어."

당신은 이분을 어떻게 생각하는가?

아인슈타인과 상대성이론

상대성이론에 들어 있는 성공 법칙을 자신의 삶에 적용하기 전까지 아인슈타인은 실패로 점철된 인생을 살았다.

학창 시절 그는 왕따였다. 누구보다 담임선생이 두 팔 걷어붙이고 나서서 그를 바보 취급했다. 급우들은 말할 것도 없었다. 덕분에 그는 학교라면 질색을 했고, 열다섯 살에 자퇴를 해야 했다. 아인슈타인이 바보 취급을 당했던 이유는 단 하나였다. 그는 실제로 바보였다.

비록 대부분의 과목에서 낙제를 하고 인간관계는 폐쇄적이었지만 아인슈타인은 수학과 과학은 굉장히 잘했기에 공과대학에 입학할 수는 있었다. 하지만 대학에 입학해서도 별 볼 일 없는 삶은 계속되었다. 성적은 중상 정도였고 인간관계는 힘들었다.

대학을 졸업한 뒤에는 실업자로 전락했다. 그는 취직하기 위해 여기저기 찾아다니며 때로는 비굴할 정도로 머리를 숙였지만 원하는 직장은 얻지 못했다. 이후 천우신조로 직장을 잡긴 했지만 그토록 소망하던 물리학 관련 직장이 아니었다. 하루 종일 특허 관련 서류를 검토하는 일을 하는 특허국이었다. 천하의 아인슈타인은 이곳에서 상사들의 눈치를 봐가며 몰래 물리학이나 수학 서적을 읽었다.

알다시피 아인슈타인은 10대 시절부터 상대성이론을 연구하며 우주의 법칙을 깨달았다. 하지만 그는 그 법칙을 인생에 적용할 줄은 몰랐다. 그에게 있어 상대성이론은 단지 물리학 이론일 뿐이었다.

실패만 거듭하는 인생이 어느 날 지겨워졌던 걸까? 아인슈타인은 상대성이론을 자신의 삶에 적용하기 시작한 것 같다. 아니, 아인슈타인이 남긴 말들을 곰곰이 음미해보면 그는 분명 그랬던 것 같다. 다음 말을 보자.

"우리가 알고 있는 과거와 현재와 미래는 착각에 불과하다."

"물리적 실체들을 3차원적인 것으로 생각하면 안 된다. 4차원적인 것으로 생각해야 한다."

"물질이라는 것은 우리의 에너지가 만들어낸 것에 불과하다."

"나는 상상력이라는 물감으로 자유롭게 그림을 그리는 화가다. 상상력은 지식보다 중요하다."

"상상력은 미리보기다. 다가올 삶을 보여주는."

아인슈타인이 상대성이론에 기초해서 남긴 앞의 말을 성공에 대입해 풀어보자.

1. 우리는 보통 과거 — 현재 — 미래를 단면적으로 생각한다.

   전교 1등인 고등학생과 전교 500등인 고등학생을 떠올려보라. 그리고 다음 질문에 답해보라.

   "당신은 둘 중 누가 성공자라고 생각하는가? 또 사회에 나가 성공할 가능성이 높은 사람은 누구라고 생각하는가?"

   백이면 백 전교 1등이라고 대답할 것이다. 우리는 보통 과거와 현재를 가지고 미래를 판단하기 때문이다. 하지만 상대성이론에 따르면 그것은 착각에 불과하다. 미래는 과거나 현재와 상관없다. 즉 전교 500등도 전교 1등보다 얼마든지 크게 성공할 수 있다.

2. 우리는 보통 물질이 물질을 만들어낸다고 생각한다.

   대표적으로 돈이 돈을 벌어다 준다고 생각한다. 그래서 다들 종잣돈을 마련하기 위해 열심이다. 하지만 상대성이론에 따르면 그렇지 않다. 마음의 에너지가 돈을 벌어다 준다.

   이상하게 들리는가? 그렇다면 최초의 종잣돈이 어디서 왔는지를 생각해보라. 모아본 사람은 알겠지만 종잣돈은 목표액을 채우기 전까지는 단돈 십 원 한 장이라도 허투루 쓰지 않겠다는 강력한 의지가 있을 때라야 모아진다. 만일 이 의지가 조금이라도 흔들린다면 종잣돈 모으기는 수포로 돌아가버리고 만다.

돈을 버는 것 역시 마찬가지다. 겉보기에는 돈이 돈을 버는 것 같겠지만 실제로는 그렇지 않다. 돈을 벌겠다는 의지가 강력한 사람이 같은 사업을 벌여도 크게, 모험적으로 벌이고 그 결과 거금을 벌어들인다. 즉 돈이 돈을 버는 게 아니라 마음의 에너지가 돈을 번다.

3. 우리는 보통 상상력보다 지식을 더 중요하게 생각한다.

예를 들면 우리 중 누구도 노숙인을 존경하지 않는다. 하지만 상대성이론에 따르면 비록 노숙인도 얼마든지 존경할 수 있다. 상상의 세계에서는 노숙인도 얼마든지 차세대 리더가 될 수 있기 때문이다.

한편으로 우리는 상상력을 잘 신뢰하지 않는다. 예를 들면 마음의 눈으로 지금과 달리 크게 성공한 미래의 나를 보게 되더라도 그것을 진짜라고 믿지는 않는다는 뜻이다. 그저 싱겁게 한번 웃으며, "에이, 그렇게 될 수만 있다면 얼마나 좋겠어. 공상 그만하고 일이나 하자." 이런 식으로 반응한다. 하지만 상대성이론에 따르면 그것은 굉장히 어리석은 일이다. 그런 행위는 자기 스스로 미래를 무너뜨리는 것이기 때문이다.

상대성이론의 세 가지 성공 법칙

아인슈타인은 상대성이론에서 발견한 세 가지 성공 법칙을 자신의 인생에 다음과 같이 적용했다.

첫째, 시간관념을 바꾸었다.

아인슈타인은 인간관계 실패, 취직 실패, 물리학계 진입 실패라는 세 가지 치명적인 과거를 가지고 있었다. 현재 역시 마찬가지였다. 비록 취직에 성공하긴 했지만 자신이 진정으로 원하는 직장은 아니었다. 미래 또한 우울하기만 했다. 현재를 기초로 가늠해보면 사람들로부터 소외된 삶, 특허청 공무원으로 정년퇴직하는 삶, 무명 물리학도로서의 삶 말고는 달리 올 것이 없었다.

아인슈타인은 상대성이론의 눈으로 자신의 삶을 관찰한 뒤 잘못된 과거관념이 잘못된 현재를 만들었고, 잘못된 미래 또한 만들고 있음을 깨달았다. 그러니까 과거의 실패 기억이 현재의 성공을 방해하고 있으며, 현재의 불안한 미래 전망이 미래의 성공을 방해하고 있다는 사실을 깨달은 것이다.

아인슈타인은 새로운 시간관념을 가졌다. 과거와 현재는 미래와 아무 상관없다는 사실을 인정한 것이다. 그렇게 하자 아인슈타인의 내면에 새로운 믿음이 생겼다. 과거에 얼마나 실패한 인생을 살았든, 현재 어떤 별 볼 일 없는 삶을 살고 있든 그에 상관없이 자신은 얼마든지 눈부신 미래를 만들 수 있다고 믿게 된 것이다.

둘째, 물질관념을 바꾸었다.

아인슈타인이 얻고 싶었던 물질적 성공은 세 가지였다. 경제적 성공, 사회적 성공, 학문적 성공. 아인슈타인은 특허청을 떠나 자유롭게 살고 싶었다. 하고 싶은 물리학 연구만 마음껏 하며 살아도 쪼들리기는커녕 부자로 살고, 물리학계와 대중에게는 물론이고 세계 각국 정상과 할리우드 스타들에게 열광적인 사랑을 받는 사람이 되고 싶었다. 노벨물리학상 수상은 물론이다.

물론 현실적인 조건들만 놓고 보면 세 가지 성공은 절대로 이룰 수 없는 것이었다. 하지만 상대성이론의 시각으로 보면, 마음의 에너지만 갖는다면 충분히 가능한 일이었다.

아인슈타인이 전에 가졌던 물질관념은 고전 뉴턴 물리학적 관념이었다. 그러니까 물질은 물질이 있어야 생긴다는 식의 관념—경제적으로 성공하려면 돈이 있어야 하고 사회적으로 성공하려면 각계에 튼튼한 인맥이 있어야 하고 학문적으로 성공하려면 학계에서 존경받는 위치에 있어야 한다는—이었다.

아인슈타인은 다름 아닌 이 관념이 에너지의 한계를 만들었다는 사실을 깨달았다. 그러니까 성공할 수 있는 조건을 갖춰야만 성공할 수 있다는 고정관념이 성공할 수 없는 현실을 만들었다는 사실을 깨달았다.

상대성이론을 통해 물질적 성공에 대해 새로운 이해를 갖게 된 아인슈타인은 에너지의 한계를 없애버렸다. 그러자 아인슈타인의 에너지가 미래를 향해 흐르기 시작했다. 그 에너지는 무한하기 이를 데 없는 것이었다. 무한한 물질을 만들어내는 것이었다.

셋째, VD로 미래를 자유롭게 그렸다.

상대성이론은 아인슈타인에게 VD의 진실에 대해 알려주었다. 고전 뉴턴 물리학적 개념에 따르면 VD는 공상에 불과하다. VD는 VD로 끝나지 R이 되지 않는다. 허나 상대성이론은 그 반대의 이야기를 하고 있었다. VD야말로 R을 만드는 가장 근원적인 힘이라고 말하고 있었다.

아인슈타인은 이론 물리학자였기 때문에 언제나 상상 속의 실험실에서 실험을 했다. 그 실험은 단순한 가상의 실험이 아니었다. 놀랍게도 현실의 실험은 비교도 할 수 없을 정도로 정밀한 실험이었다. 현실세계에서는 재료나 실험기구의 한계 또는 실험자의 무의식적인 실수로 인해 얼마든지 미세한 오차가 발생할 수 있지만 상상의 세계에서는 모든 것이 완벽하기 때문이다.

이해가 잘 되지 않는다면 삼각형 그리기를 생각해보라. 인간이 현실세계에서 자와 연필로 그리는 삼각형은 절대 불완전한 삼각형이다. 아무리 완벽하게 보이는 삼각형이라도 고배율 현미경으로 들여다보면 선이 삐뚤빼뚤 튀어나와 있지 않나, 꼭짓점 위로 선이 막 올라가 있지 않나, 정체불명의 이상한 도형에 불과하다. 허나 상상의 세계에서는 절대 완전한 삼각형을 얼마든지 그릴 수 있다. 그래서 플라톤 같은 철학자는 "현실세계의 삼각형은 가짜요, 상상 속의 삼각형만이 진짜다."라는 말까지 했다.

아무튼 아인슈타인은 완벽한 실험을 가능케 한 그 놀라운 상상력으로 미래를 마음껏 그렸다. 절대로 한계를 허용하지 않았다. 자신이 꿈꿀 수 있는 최고의 세계는 물론이고 도저히 꿈꿀 수 없을 것 같은 그 너머의 세계까지 그렸다.

결과는 놀랍다.

아인슈타인은 가난한 무명의 물리학도에서 물리학계의 스타로 떠올랐고, 소망대로 공무원 생활을 그만두고 대학교수가 되었다. 그것도 세계 각국의 명문대학이 서로 모셔가기 위해 안달하는. 30세를 앞둔 시점에 일어난 일이었다.

아인슈타인이 40대에 진입한 1919년에는 영국의 천문학자 에딩턴이 개기일식을 관측해 상대성이론이 옳다는 사실을 증명했다. 이 사실이 전 세계로 보도되어 그는 순식간에 세계적인 스타가 되었다. 세계 각국의 정상들은 물론이고 할리우드 배우들까지 만나고 싶어 하는 세계 인기 제1순위의 인물이 되었다.

이후의 삶은 마치 동화 속에 나오는 한 장면 같다. 말 그대로 쏟아졌다. 학문적, 사회적, 경제적 성공이. 이 세 가지는 아인슈타인이 지구를 떠날 때까지 그칠 줄 몰랐고, 지금도 계속되고 있다. 그리고 앞으로도 계속될 것 같다.

상대성이론의 시각으로 꿈을 보라

아인슈타인의 상대성이론은 지금으로부터 약 110년 전인 1905년에 발표되었다. 당시에 우리나라 민중들이 서울에서 부산까지 가려면 짚신을 신고 걸어가는 것 말고는 별다른 방법이 없었다. 당시 사람들에게 자가용이나 KTX, 고속버스 이야기를 하면 어떻게 반응할까? 설렁탕 몇 그릇 값으로 서울에서 부산까지, 그것도 단체로 앉아서 갈 수 있다고 한다면 말이다.

앞에서 나는 21세기에 짚신 타령을 하는 사람의 이야기를 실었다. 내가 이 이야기를 실은 것은 다른 누구보다 나 자신을 경계하기 위해서다.

알다시피 나는 우리나라에 "생생하게 꿈꾸면 이루어진다."는 말을 대중적으로 처음 전파한 사람이다. 그런데도 '꿈'보다는 '현실'을 바라볼 때가 많다. R=VD 공식을 잘 실천하다가도 금방 까먹곤 한다. 때로는 게으른 나 자신을 채찍질해가며 겨우 VD를 하곤 한다. 부끄럽지만 사실이다.

나는 이번 장을 쓰며 마음을 새롭게 가다듬기로 했다. 이루어야 할 꿈은 많고 시간은 적다. 어떻게 해야 할 것인가? 기도하면서 더욱 열심히 더욱 많이 생생하게 꿈꾸는 것 말고는 방법이 없다. 그래야 한 발짝이라도 앞으로 전진할 수 있다.

이제부터 나는 꿈꾸기를 잊어버릴 때마다, 게으르게 꿈꿀 때마다 21세기에 짚신 타령 하는 사람의 이야기를 떠올리려고 한다. 다름 아닌 그 사람이 나라고 생각하려고 한다. 그래야 정신 바짝 차리고 VD를 할 것 같다.

21세기에는 21세기에 걸맞은 사고방식으로 살아야 한다. 19세기 사고방식으로 살면 안 된다. 그런데 우리의 실상은 어떠한가? 비행기를 타고 하늘을 날아갈 줄은 알아도 마음의 에너지로 새로운 미래를 만들 줄은 모른다.

"내 현실이 이런데 어떻게 꿈을 꿔?"라든지 "생생하게 꿈꾸면 이루어진다고, 그런 헛소리를 믿냐?" 같은 말이나 한다.

만일 22세기나 23세기에 "꿈을 현실로 만드는 가장 과학적인 방법은 VD다."라는 사실이 대중적인 믿음으로 자리 잡으면 미래의 사람들은 꿈꾸는 것조차 두려워했던 21세기의 우리를 어떤 시각으로 볼 것인가?

이제 우리는 상대성이론의 시각으로 미래를 바라볼 줄 알아야 한다.

물론 그렇다고 노력을 등한시하라는 의미는 아니다. 아인슈타인도 누구보다 노력했다. 그는 10대 중반부터 막대한 독서와 함께 상상 실험을 시작했다. 공무원으로 근무할 때는 초인간적인 집중력을 발휘해서 하루 업무를 오전에 끝내고 오후에는 상사 몰래 수학 및 물리학 공부를 했다. 또 퇴근해서는 아이의 유모차를 밀면서도 한 손에는 책을 들고 읽었다. 비록 실험실에서 먹고 자는 과학자들만큼은 아니었지만 아인슈타인은 단 하루도 허투루 보내지 않았다. 그는 언제나 공부를 하거나 상상 실험을 하고 있었다.

아인슈타인과 비슷한 말을 한 천재가 있다. 파블로 피카소다. 피카소는 VD와 노력의 관계에 대해 다음과 같은 말을 남겼다.

"상상은 모든 일의 출발점이다. 일을 시작하기에 앞서 온 정성을 기울여 상상하라. 상상력이 일을 변화시키는 것을 경험하게 될 것이다."

"당신이 상상하는 모든 것은 현실이 된다."

"상상은 행동을 위한 것이다. 행동이 없다면 상상은 무의미하다."

"상상은 행동을 구체화하기 위해 있고, 행동을 현실화하기 위해 있다."

"모든 성공의 기본 열쇠는 행동이다."

그럼 아인슈타인과 피카소의 말을 기초로 결론을 내려보자. 새로운 미래를 만들고 싶다면 다음과 같이 하라.

1. 과거와 현재의 나는 잊어라. 오직 미래의 나만 생각하라.
2. 환경이나 현실을 탓하기에 앞서 마음의 에너지를 믿어라. 자신이 꿈꾸는 성공에 걸맞은 마음의 에너지를 갖기 위해 노력하라.

3. 상상력을 물감 삼아 새로운 미래를 마음껏 그려라.

4. 누구보다 열심히 노력하라.

꿈 에너지에 한계란 없다

상대성이론에 따르면, 물질이 나타나려면 먼저 에너지가 있어야 한다. 인생 또한 마찬가지다. VD가 있어야 R이 있다. 에너지를 VD라고 하면 물질은 R이라고 할 수 있기 때문이다. 이는 곧 당신이 인생에서 특별한 무엇을 만들어내고 싶다면 무엇보다 먼저 특별한 열망을 가져야 한다는 의미다.

세상의 모든 성공한 사람들은 처음엔 실패자였다. 하지만 다른 실패자들과 달리 그들은 성공을 열망했고, 그 에너지가 그들로 하여금 참혹한 실패를 딛고 다시 일어서게 했다. 그러자 그들 앞에 새로운 현실이 나타났다.

나의 이 말을 끌어당김의 법칙으로 오해하지 않기를 바란다. 나는 지금 우주에 생각을 보내면 우주가 거기에 응답해서 원하는 것을 보내준다는 식의 이야기를 하고 있지 않다. 《꿈꾸는 다락방》 1편 개정증보판에서도 밝혔지만 그것은 19세기 미국에서 발생한, 고대 브라만교에 뿌리를 두고 있는, 우주와 인간의 잠재의식을 전지전능한 신으로 섬기는, 뉴에이지 종교의 일종인, 신사상 운동New Thought Movement, 신사고 운동이라는 종교의 교리에 불과하다.

아인슈타인은 말했다. 에너지가 곧 물질이 된다고.

R=VD 공식은 말한다. VD가 곧 R이 된다고. 당신이 가슴속에 품은 뜨거운 꿈, 그것이 현실이 된다고.

텅 빈 진공 속에 에너지를 흘려보내면 그 즉시 물질이 생긴다는 상대성이론은 물리학을 잘 모르는 사람들에게는 거짓말 같은 이야기일 수 있다. 하지만 물리학자들에게는 입자가속기가 있는 실험실에서 얼마든지 관찰 가능한 사실이다.

R=VD 공식도 마찬가지다. 불가능해보이는 꿈에 인생을 걸고 마침내 그 꿈을 이루어본 사람들에게 R=VD 공식은 상식적인 것에 불과하다. 하지만 이런 경험이 전혀 없는 사람들에게는 말도 안 되는 소리일 수 있다. 만일 당신이 후자에 속한다면 하루빨리 전자로 변화하길 바란다. 불가능한 꿈을 이루는 감격을 맛보길 바란다.

열망이 뭔지 아는 사람들만이 R=VD 공식을 실천한다.

가슴이 불처럼 뜨거운 사람들만이 R=VD 공식을 경험한다.

인간을 학력이나 재력 같은 외적인 것이 아니라 꿈, 믿음, 용기, 가능성 같은 내적인 것으로 판단하는 사람만이 R=VD 공식을 이해한다.

벼랑 끝에 몰려본 사람 그리고 마음의 힘으로 그 벼랑 위를 날아서 안전한 지점에 착륙해본 사람만이 R=VD 공식을 인정한다.

당신도 R=VD 공식을 상식적인 것으로 받아들이는 사람이 되기를 바란다. 불가능한 꿈을 꾸고, 그 꿈을 이루기 위해 살아가고, 마침내 꿈이 이루어지는 기쁨을 맛보는 경험을 하게 되기를 바란다.

꿈과 그 꿈을 이룰 수 있는 힘은 지금 당신의 마음속에 있다.

자기 훈련이란,

도망치고 싶을 때 그 자리를 지키는 것.

화를 내고 싶을 때 조용히 열을 세는 것.

굴복하고 싶을 때 미소 짓는 것.

포기하고 싶을 때 전진하는 것.

– 레니 L. 위트 –

Chapter 9

생각 에너지

세계를 바꾸고 싶다면 먼저 우주를 움직여라

'양자론적 수소 원자모형'에 따르면
전자는 특정한 궤도에서만 존재할 수 있다.
존재할 수 있는 궤도가 띄엄띄엄 있기 때문이다.
한 전자가 자신의 궤도를 바꾸려면 어떻게 해야 할까?
궤도 사이를 도약하는 방법 말고는 없다.[12]
이를 '양자도약'이라 한다.

우리의 삶도 이 모형과 비슷한 것 같다.
만일 당신이 '실패' 또는 '평범'이라는 궤도에서
'성공'이라는 궤도로 옮겨가려면 어떻게 해야 할까?
당신 스스로 궤도 사이를 도약하는 수밖에 없다.

R=VD 공식은 '인생도약' 공식이다.
불가능한 조건을 딛고 꿈을 이룬 무수한 사람들이
자신의 삶의 궤도를 바꾸기 위해 실천한 성공 공식이다.

양자물리학자들은 말한다. 인간의 생각은 우주에 영향을 미친다고, 우주를 변화시킨다고.

여기서 말하는 우주를 물리적인 우주와 혼동하면 안 된다. 알다시피 우리가 아무리 많은 생각 에너지를 우주로 보내도 물리적인 우주는 어떤 영향도 받지 않는다. 화성의 공전 속도가 변한다거나 별똥별이 다시 우주로 돌아간다거나 은하계가 운동을 멈추는 일 따위는 절대로 일어나지 않는다. 여기서 말하는 우주는 우리 안에 있는 우주로 이해해야 한다.

양자론의 입장에서 보면 인간은 누구나 우주다. 소립자들로 이루어진 우주. 실제로 우리는 동서양은 물론이고 세계 각지에서

고대로부터 내려온 "인간은 소우주다."라는 가르침을 접할 수 있다.

인간의 의식이 영향을 미치는 우주를 자기 자신의 우주로 한정 지으면 "생각하는 대로 현실이 된다."는 양자론의 발견도 현실적으로 이해할 수 있다.

수십 년 전 영국 옥스퍼드대학교에서 있었던 일이다. 앨런이라는 청년과 빌이라는 청년이 룸메이트가 되었다. 앨런은 전형적인 상류층 자제이자 수재 중의 수재였다. 그는 마치 왕자 같은 사람이었다. 모든 사람이 그와 친구가 되고 싶어 했고, 모든 여자들이 그와 사귀고 싶어 했다. 그에게는 신분과 권력은 물론 돈과 능력까지 있었다.

반면 빌은 전형적인 하류층 자제였다. 물론 그도 수재였으나 앨런만큼은 아니었다. 그는 무엇이든 스스로 노력할 때라야만 얻을 수 있었다. 그도 사람들에게 인기가 있었고 여자들의 관심을 끌었지만 앨런만큼은 아니었다. 빌은 결손가정 출신이었고, 수중에 돈 한 푼 없었고, 권력은 단지 희망 사항일 뿐이었다. 그가 가진 것이라곤 오직 미래에 대한 꿈밖에 없었다.

앨런과 빌의 의식은 두 사람의 물질적 환경만큼이나 큰 차이가 났다.

앨런은 매사에 부정적이었다. 그는 삶의 나쁜 점만 보았고 당연히 감사할 줄 몰랐다. 인간관계 역시 마찬가지였다. 그에게는 모든 인간관계가 계산적이고 가식적으로 보였다. 한편으로 지구라는 행성은 고통으로 가득 찬 세계였다. 전쟁, 폭력, 불법, 굶주림, 질병으로 만연한 곳. 그가 생각할 때 이런 세계는 차라리 없는 게 더 나았다.

외적인 환경으로만 본다면 빌은 앨런이 감히 따라오지 못할 정도로 부정적이어야 했다. 그는 생부를 어이없는 익사 사고로 잃었는가 하면 엄마와 자신에게 총을 들이대는 — 한 번은 실제로 발사한 적도 있었다. 비록 벽에 맞기는 했지만 — 제정신이 아닌 의붓아버지 밑에서 자랐기 때문이다.

빌은 이외에도 말로 형언하기 어려운 고통스런 환경 속에서 아주 어릴 적부터 자랐다. 부자들이 돈 없는 사람을 얼마나 무시하는지, 사회가 능력 없는 사람을 얼마나 차별하는지 빌은 아주 잘 알았다. 빌은 백인이지만 집이 너무 가난해서 흑인 슬럼가에 살았기 때문이다.

하지만 빌은 '변화'를 믿었고, 변화를 일으킬 수 있는 주인공이 다른 누구도 아닌 자기 '자신'이 될 수 있다고 믿었다. 빌은 자신이 하기에 따라서 어떤 가식적인 인간관계도 진실된 인간관계로 변화시킬 수 있다고 생각했는가 하면, 모든 인간은 지구를 보다 살기 좋은 행성으로 만들기 위해 태어났다고 믿었다.

부자들의 무시나 사회의 냉대 같은 것은 염두에 두지도 않았다. 빌이 생각하기에 그런 것들은 불평하라고 있는 게 아니었다. '내가 개천에서 난 용이 되면 그들에게 신선한 충격을 던져줄 수 있다. 그러면 그들의 생각도 변화시킬 수 있고, 부자와 빈자는 나를 통해 서로 하나가 될 수 있다. 내가 하기에 따라서 얼마든지 그렇게 만들 수 있다.' 빌은 이렇게 생각했다.

결론을 이야기하겠다.

앨런은 1971년에 자살로 생을 마감했다. 빌은 1992년에 미국 대통령에 당선되었다.

우주를 움직이게 하는 상상의 힘

앨런은 부정적인 생각을 주로 하고 살았다. "더 이상 살고 싶지 않다!"라는 한 문장으로 요약될 수 있는 앨런의 부정적인 사고방식은 앨런의 우주, 즉 앨런을 구성하는 양자들에게 영향을 미쳤다. 앞에서도 말했다시피 인간을 물질의 최소 단위까지 쪼개면 오직 양자들만 남는다. 앨런의 에너지에 영향을 받은 양자들은 앨런의 생각을 현실로 만들어주었다.

빌 클린턴은 긍정적인 생각을 주로 하고 살았다. "나는 내가 꿈꾸는 모든 것을 이룰 수 있어. 난 최연소 주지사도 될 수 있고, 미국 대통령도 될 수 있어. 내가 진실로 믿는다면 나는 얼마든지 그렇게 될 수 있어!"라고 믿고 말하며 살았다. 빌의 긍정적인 사고방식은 빌의 우주에 영향을 미쳤다. 빌의 에너지에 영향을 받은 양자들은 빌의 생각을 현실로 만들어주었다.

인간뿐만 아니다. 호박벌의 예를 보자. 호박벌은 기체역학론적 측면에서 볼 때 절대로 비행할 수 없다. 몸집에 비해 날개가 심히 작기 때문이다. 호박벌을 모델로 한 항공기모형 제작실험 결과도 호박벌이 하늘을 나는 것은 절대 불가능하다고 못 박았다. 하지만 알다시피 호박벌은 하늘을 아주 잘 난다. 꿀도 잘 딴다.

왜 그럴까? 호박벌은 자신이 과학적으로 비행 불가능한 몸을 가졌다는 사실을 알지 못하기 때문이다. 호박벌이 알고 있는 것은 오직 유전자 속에 심어진 정보, 즉 "나는 어떤 벌 못지않게 하늘을 잘 날 수 있다!"는 것이다. 이 유전자 속의 정보가 호박벌의 우주, 즉 호박벌을 구성하고 있는 양자들에게 영향을 미치고 양자들이 그 정보를 현실로 만들어주는 것이다.

영국 직물소매상협회가 표본조사를 통해 발견한 영업사원들에 대한 조사 결과는 보다 분명한 사실을 밝혀주고 있다.

조사 결과에 따르면, 전체 영업사원의 48%는 고객과 한 번 접촉하고 만다. 25%는 두 번 접촉하고 만다. 15%는 세 번 접촉하고 만다. 즉 전체 영업사원의 88%가 고객과 많아야 두세 번 정도 접촉하는 것으로 만족하고 그 이상 어떤 시도도 하지 않았다. 다행히 그들 중 일부가 물건을 판매하는 쾌거를 올렸지만 전체 판매량의 20%에 지나지 않았다. 나머지 12%의 영업사원이 전체 판매량의 80%를 팔고 있었는데, 이들은 고객이 물건을 구입할 때까지 고객에게 전화를 걸고 고객과 만나는 습관을 가지고 있었다.

전체 판매량의 80%를 파는 12%의 영업사원들은 '끝까지 시도하면 어떤 고객에게도 물건을 팔 수 있다.'라는 사고방식을 가진 사람들인데, 다름 아닌 이 사고방식이 그들의 내면의 우주 속에 가득 찬 양자들에게 영향을 미쳤고, 양자들은 그들의 생각을 현실로 만들어준 것이다.

양자역학에서 말하는 에너지의 실체

양자들은 지구의 모든 장소와 우주의 모든 장소에 구름처럼 퍼져 있다. 지금 당장 허공을 10초만 쳐다보라. 10초가 지났는가? 두 눈을 크게 뜨고 관찰해보라. 뭔가 변화가 있는가?

애써 관찰할 필요는 없다. 지금 당신이 보고 있는 것처럼 아무런 변화도 없으니까.

그러나 방금 당신이 육안이 아니라 전자현미경으로 허공을 보았다면 굉장히 놀라운 현상과 마주쳤을 것이다. 허공 속에 구름처럼 퍼져 있던 양자들이 당신의 에너지에 반응해 당신의 시선이 머물렀던 그 지점으로 모여드는 현상을 보게 되었을 테니 말이다.

양자물리학자들이 실험으로 입증한 사실 두 가지를 밝히겠다.

첫째, 양자들은 자신이 인간에게 관찰되고 있다는 사실을 안다.

둘째, 양자들은 인간에게 관찰당한다고 느끼는 순간 파동에서 입자로 변신한다.

이게 도대체 무슨 말일까? 양자의 세계에서는 인간이 보는 순간 물질이 생겨난다는 의미다. 양자들은 평소에는 에너지, 즉 파동으로 존재하고 있다가 인간에게 관찰당하는 순간 물질, 즉 입자로 바뀐다는 뜻이다. 즉 우주에 가득 찬 에너지를 물질로 변화시키는 것은 다름 아닌 인간의 마음이라는 말이다.

그렇다고 이것을 하나님의 창조원리와 혼동해서는 안 된다. 인간의 마음은 하나님께서 창조하신 에너지, 즉 양자에 영향을 미쳐서 물질을 만들어내는 것이기 때문이다.

꿈을 이룬 사람들의 소우주

베토벤은 어린 시절 음악 선생님으로부터 음악에 재능이 없다는 평을 받았다. 하지만 베토벤은 그에 굴하지 않고 대 작곡가가 된 자신의 모습을 생생하게 꿈꾸었다. 그의 생각 에너지는 그의 우주에 영향을 미쳤고, 결과는 우리가 아는 바대로다.

영국의 소설가 존 크리시는 출판사들로부터 753번의 거절을 받았다. 하지만 그는 언제나 생생하게 꿈꾸었다. 자신의 책이 출판되는 모습을. 그의 생각 에너지는 그의 우주에 영향을 미쳤고, 우주는 그의 생각을 현실로 만들어주었다. 그는 총 563권의 소설을 발표하고 세상을 떠났다.

농구선수 마이클 조던은 고등학생 때 학교 농구팀 선발 시험에 탈락했다. 하지만 그는 실패한 현실을 보는 대신 자신의 가능성을 믿었다. 그는 언제나 마음으로 최고의 농구선수가 된 자신을 그렸다. 마이클 조던의 우주에 가득 찬 양자들은 그의 마음의 그림을 현실로 만들어주었다.

코카콜라는 출시 첫 해에 고작 400병이 팔렸다. 하지만 "내 몸에는 피가 아니라 콜라가 흐르고 있다."라고 주장하는 사람들이 나타나서 코카콜라가 전 세계에서 미친 듯이 팔려나가는 그림을 그리기 시작했다. 그들의 우주에 가득 찬 양자들은 그들의 믿음을 현실로 만들어주었다.

일본 최고의 야구선수로 기억되고 있는 장훈은 어린 시절 트럭에 치여 오른손을 크게 다쳤다. 여러 차례의 수술을 거쳤지만 망가진 근육을 재생시키지 못했고 결국 장애인이 되었다. 소년은 어느 날 야구에 미쳤고, 연필도 쥘 수 없는 손으로 야구 배트를 휘두르기 시작했다. '비록 장애인이지만 나는 최고의 야구선수가 될 수 있다!'는 소년의 절대적인 믿음에 영향을 받은 내면의 우주는 소년의 꿈을 이루어주기 위해 움직이기 시작했고, 결과는 우리가 아는 바대로다.

이외에도 수백만 수천만 건의 증거가 있다. 현실적으로 도저히 이룰 수 없는 꿈에 도전해서 그 꿈을 현실로 만든 사람들의 이야기는 지구상에 존재하는 모든 책으로도 담을 수 없다.

불가능한 조건을 딛고 꿈을 이룬 사람들의 이야기를 오직 양자론적 시각에서 바라보면 다음과 같은 결론이 나온다.

1. '할 수 있다!'는 생각만 했다.
2. 긍정적인 생각 에너지가 지속적으로 내면의 우주에 영향을 미쳤다.
3. 내면의 우주를 가득 채운 양자들이 주인의 생각을 현실로 만들기 위한 액션플랜을 도출해냈다.
4. 액션플랜을 따르자 생각이 현실이 되었다.

당신은 지금 어떤 생각을 하고 있는가? '나는 할 수 있다!'라고 생각하고 있는가? 아니면 '나는 안 돼!'라고 생각하고 있는가? 그것도 아니면 아무런 생각도 하지 않고 있는가?

당신이 어떤 생각을 하든 그 생각은 당신 내면의 우주에 가득 찬 양자들에게 영향을 미치고, 양자들은 당신의 생각을 현실로 만드는 액션플랜을 도출해낸다.

당신이 '나는 할 수 있다.'라고 지속적으로 생각하면 어느 날 문득 불가능을 가능으로 만드는 아이디어를 떠올리게 되고, 실제로 당신은 할 수 있게 된다.

당신이 '나는 안 돼.'라는 생각에 사로잡혀 있으면 당신은 언제나 안 될 수밖에 없는 이유들을 찾아내게 되고, 실제로 당신은 무엇도 할 수 없게 된다.

당신이 미래나 현재를 바꾸기 위한 아무런 생각도 하지 않으면 당신은 아무런 행동도 하지 않게 되고, 당신의 인생에는 어떤 특별한 일도 일어나지 않는다.

양자의 세계에서도 VD가 R이 된다

"생각하는 대로 이루어진다."

이것은 양자론이 발견한 진실이다. 어디 옳은지 그른지 한번 시험해보자.

지금부터 1분간 스머프가 된 당신을 생각해보라. 아주 강렬하게.

이제 거울을 바라보라. 당연하게도 거울 속에 스머프는 없을 것이다. 당신의 피부는 여전히 살색일 것이고, 키 역시 1센티미터도 줄지 않을 것이다. 물론 가가멜도 나타나지 않을 것이다.

설령 당신이 스머프가 된 당신의 모습을 천년 동안 열렬하게 꿈꾼다고 해도 당신이 스머프가 되는 일은 절대로 일어나지 않는다.

그렇다면 양자론이 틀렸다는 말인가? 아니다. 양자론은 옳다. 당신이 상상했던 그 순간 당신은 스머프가 되었으니까. 다름 아닌 당신의 뇌 속에서 말이다.

양자론은 눈에 보이지 않는 세계를 다룬다. 눈에 보이지 않는 세계, 즉 당신의 뇌가 만들어내는 가상의 세계에서 당신의 상상은 즉시 현실이 된다.

한편으로 당신은 현실세계에서도 얼마든지 스머프가 될 수 있다. 당신 앞에 컴퓨터가 있는가? 인터넷에서 스머프 사진을 찾아라. 스머프 사진에 당신의 얼굴 사진을 합성하라. 아주 간단한 손동작만으로도 당신은 순식간에 스머프가 되었다. 당신의 상상이 현실이 된 것이다. 물론 진짜로 당신의 몸이 스머프처럼 변하지는 않았지만 어쨌든 당신은 컴퓨터 안에서 스머프가 되었다.

여기서 우리는 두 가지 중요한 사실을 발견할 수 있다.

첫째, 생각하는 대로 이루어진다는 말은 양자의 세계에서 언제나 옳다.

둘째, 양자의 세계에서 이루어진 것을 현실세계에서 이루려면 인간의 동작이 필요하다.

잘 이해되지 않는가? 10년 안에 10억 원을 버는 것을 생각해보자. 머릿속으로 떠올려보라. 지금으로부터 정확히 10년 뒤인 어느 날 당신은 10억 원이 든 통장 잔고를 바라보며 흐뭇해하고 있다. 떠올렸는가? 그렇다면 당신은 실제로 10억 원을 벌었다.

단, 당신의 상상세계, 즉 양자세계에서.

양자세계에서 번 10억 원을 현실세계에서 얻으려면 어떻게 해야 할까? 10억 원을 벌 수 있는 동작, 즉 행동을 해야 한다. 스머프 사진에 당신의 얼굴을 합성하듯이 말이다. 그러면 현실세계에서도 10년 안에 10억 원을 벌 수 있다. 이게 양자론의 진실이다.

양자세계에서는 물론이고 현실세계에서도 VD는 행동보다 중요하다. VD는 행동을 이끌어낼 수 있기 때문이다.

물론 당신에게 우주의 소립자들을 순식간에 물질로 전환시킬 수 있는 마음의 에너지가 있다면, 즉 집합무의식을 100% 긍정적인 것으로 바꿀 수 있는 능력이 있다면 당신은 굳이 행동을 취할 필요가 전혀 없다. 당신의 모든 VD는 VD 하는 그 순간 전부 R이 될 테니까. 즉 당신은 마음의 힘으로 단 1초 만에 1,000억 원을 만들 수도 있고 스머프도 될 수 있고 심지어 건담도 만들 수 있다. 허나 당신 자신이 잘 알듯이 당신은 절대로 이런 사람이 될 수 없으니 3차원적으로 가능한 이야기만 하자.

앞에서 당신은 스머프가 된 자신을 컴퓨터 안에서 창조했다. 당신은 두 눈과 손가락을 이용해 스머프가 된 자신을 만들었다. 그런데 만일 당신이 스머프가 된 자신의 모습을 VD 하지 않았다면 스머프가 창조될 수 있었을까? VD의 중요성은 여기서 드러

난다.

10년 안에 10억 원을 버는 것도 마찬가지다. 만일 당신이 매일 VD를 하면 당신에게 영감이 생긴다. 10억 원을 벌 수 있는. 영감이 번뜩이는데 가만히 앉아서 VD만 하는 사람이 어디 있겠는가? 당신은 영감에 따라 행동하게 되고 실제로 10억 원을 벌게 된다. 그러나 VD를 하지 않으면 영감은 절대로 생겨나지 않는다.

물론 당신에게 10억 원을 벌 수 있는 재력이 있다면 굳이 VD를 하지 않아도 돈은 저절로 벌릴 것이다. 허나 당신에게 그런 재력이 없다면 VD를 해야 한다. VD를 해야 실제로 10억 원을 벌 수 있는 아이디어를 생각해낼 수 있고, 아이디어를 구체화할 수 있는 방법들을 도출해낼 수 있다.

10억 원을 꿈꾸는 일 없이 회사만 열심히 다닌다면, 임원이라면 모를까 평범한 사람들은 10억 원은커녕 1억 원을 모으는 일도 현실적으로 불가능하다. 이런 현실을 뛰어넘게 해주는 게 VD다.

여기까지 이야기하고 보니 태극무늬가 떠오른다. VD와 행동은 비유하자면 태극의 음과 양과 같다. 둘은 서로 맞물리면서 무한히 돌아간다. 둘 중 어느 하나가 빠지면 태극이 될 수 없다. 영혼과 육체가 결합하여 인간을 이루듯이 말이다.

당신에게 어떤 소망이 있는데 현실에 지쳐 이제 소망의 끈을 놓아버리려고 하는가?

“내 환경을 좀 봐. 나는 안 돼, 절대로 안 돼!” 하면서 그만 주저앉으려 하는가?

노력하고 또 노력해도 돌아오는 것은 세상의 냉대와 실패밖에 없는가?

아무리 눈을 크게 떠보아도 희망은 보이지 않고 오직 어둠밖에 없는가?

하여 어린 시절 믿었던 그 빛나는 꿈을 잃어버리고 현실밖에 모르는 불쌍하고 초라한 어른으로 전락해버렸는가?

그렇다면 다시 꿈을 꾸어라. 당신은 절대로 늦지 않았으니, 온 마음을 다해 새로운 미래를 그려라.

당신의 우주는 무엇을 만들고 있는가

인간은 의식적으로든 무의식적으로든 하루 평균 6만 가지의 생각을 한다는 통계가 있다. 그런데 놀랍게도 그중 95% 이상이 별 의미 없거나 부정적인 생각, 즉 자신의 한계 속에 갇힌 생각이라고 한다. 이를 양자론의 관점에서 이야기하면, 지금 당신이 살고 있는 무미건조하고 부정적인 현실은 다름 아닌 당신 자신의 생각이 만들어낸 것이라고 할 수 있다.

당신을 한계 속에 가두는 5만 7천 개의 생각에 도전하라. 고작 3천 개에 불과한 긍정적인 생각을 1만 개, 3만 개, 6만 개로 늘려라. 그러면 당신은 새로운 현실을 만나게 될 것이다.

호박벌 같은 미물도 자신의 한계를 부정한 대가로 힘차게 하늘을 비행하고 있다. 당신은 어떤가?

모든 한계를 뛰어넘어 하늘을 훨훨 날아가고 있는가?

아니면 한계를 마치 멍에처럼 메고 힘들게 땅 위를 달리고 있는가?

그것도 아니면 한계에 눌려 그냥 땅바닥에 털썩 주저앉아 있는가?

양자물리학자들은 우주가 양자들로 가득 차 있다는 사실을 발견했다. 이 양자들은 언제든지 물질로 전환될 준비를 갖추고 있는데 놀랍게도 인간의 생각 에너지에 반응한다.

만일 당신이 무엇인가를 생생하게 꿈꾸면 그 에너지가 양자들에게 영향을 미치기 시작한다. 양자들은 서서히 당신이 꿈꾸는 물질의 형태로 전환된다.

만일 당신이 끝까지 생생하게 꿈꾸면 양자들은 물질로 완벽하게 전환돼서 당신 앞에 나타난다. 이게 우주의 법칙이다.

그러니 지금부터 생생하게 꿈꾸어라. 절대로 포기하지 마라.

당신이 현재 어떤 삶을 살고 있든 양자론에 따르면 그것은 당신 자신의 우주가 만든 것이다. 그리고 당신의 우주는 당신이 바꿀 수 있다.

일이 전혀 손에 잡히지 않을 때면
나는 석공소로 간다.
거기서 망치질하는 석공에게 배운다.
석공은 망치로 바위를 백 번 내리친다.
하지만 바위는 갈라질 기미조차 보이지 않는다.
석공이 망치를 백한 번째 내리치는 순간
바위는 마침내 둘로 쪼개진다.
그것을 보고 나는 깨닫는다.
백한 번째의 망치가
바위를 둘로 가른 게 아니라
바위를 때린 망치의 숫자 하나하나가 합쳐져
거대한 바위를 둘로 갈랐음을.

– 제이컵 리스 –

Chapter 10

시각형 사고

마음속 캔버스에 그린 그림은 현실이 된다

가슴속에 꿈을 그려라.

평생을 다 바쳐도 실현 불가능할 것 같은 거대한 꿈을!

그 꿈이 진정한 현실이라고 인정하라.

그대의 육안에 보이는 현실은 거짓이라고 판결하라.

맹세하라, 꿈에 미쳐서 살아가겠다고!

숨을 내쉬고 들이마시는 대신 꿈을 내쉬고 들이마시겠다고!

음식을 먹고 물을 마시는 대신 꿈을 먹고 마시겠다고!

가슴에서는 심장 대신 꿈이 뛰게 하고

혈관에서는 피 대신 꿈이 흐르게 하겠다고!

나는 이 책에서 R=VD 공식에 대해 이야기하고 있다. 만일 내가 당신 아이의 미래를 위해 유치원 때부터 한글이나 산수를 가르치듯이 체계적으로 R=VD 공식을 가르쳐야 한다고 주장한다면 당신은 나를 어떻게 생각할 것인가? 아마도 나를 제정신이 아닌 사람으로 생각할 것이다. 솔직히 말하면 나도 이런 주장이 좀 황당하게 들린다.

그런데 스위스의 한 주립학교 설립자는 학생들에게 VD 기법을 가르치는 일이 역사나 수학을 가르치는 일보다 훨씬 더 중요하다고 생각했던 것 같다. 실제로 그는 전교생을 대상으로 VD 기법을 열심히 가르쳤기 때문이다.

이 학교에서 가르친 VD 기법은 《꿈꾸는 다락방》에서 말하는 VD 기법과 다르다. 사진을 보면서 이미 꿈을 이룬 자신의 모습을 생생하게 그리거나 꿈을 글로 적는 등의 교육을 하지는 않았기 때문이다.

하지만 본질적으로는 《꿈꾸는 다락방》의 VD 기법보다 훨씬 앞서갔다는 인상을 준다. 이 학교의 형상화 교육은 아직까지는 우리나라에 구체적으로 알려진 바 없지만, 로버트 루트번스타인과 미셸 루트번스타인이 《생각의 탄생》이라는 책에서 이야기한 내용을 두고 추측해볼 때 교사가 학생들에게 "위에서 볼 때는 원형, 한쪽 측면에서 보면 삼각형, 다른 측면에서 보면 사각형인 물체는 무엇인가?" 같은 질문을 던지면 학생들이 즉시 대답할 수 있도록 가르친 것으로 보이기 때문이다.

알다시피 이런 질문에 즉각적으로 대답할 수 있으려면 시각화 능력이 굉장히 뛰어나야 한다. 어떤 특이한 모습의 도형도 머릿속에서 순간적으로 그려낼 수 있어야 한다. 사진을 보거나 글로 쓰면서 상상력을 발휘하는 식의 VD 기법은 이런 형상화 교육에 비하면 속도감이 많이 느리다고 할 수 있겠다.

아무튼 이 학교의 설립자 페스탈로치는 VD 기법보다 한 단계 위에 있는 형상화 교육이 다른 어떤 교육, 그러니까 국어나 수학

보다 선행되어야 한다고 줄기차게 주장했고, 또 실제로 학생들에게 굉장히 열심히 교육했던 것으로 보인다.

형상화 교육의 이면에는 "꿈꿀 수만 있다면 이룰 수 있다."는 메시지가 숨어 있다. 앞의 도형 문제를 놓고 이야기를 하면, 아이들은 교사로부터 상상조차 못 해본 도형들을 마음속으로 형상화해서 발표할 것을 요구받는다. 삼각형이나 사각형 같은 간단한 도형이라면 모를까 이런 특수한 형태의 도형은 쉽게 떠오르지 않는다. 하지만 형상화 교육을 지속적으로 받으면 어떤 도형이든 순식간에 그려낼 수 있는 능력을 갖게 된다. 아이들은 대답하고 교사는 아이들과 함께 찰흙이나 종이 등으로 상상 속의 도형을 실제로 만들어본다. 아이들의 상상력이 옳았음을 확증해주는 것이다.

이 과정을 통해 아이들은 자연스럽게 배운다. 불가능해 보이는 어떤 도형도 상상력만 잘 발휘하면 얼마든지 형상화할 수 있으며, 마음속으로 형상화한 도형은 현실에서도 만들 수 있다는 사실을 말이다. 이 배움은 은연중에 불가능해보이는 어떤 일도 꿈꿀 수만 있다면 이룰 수 있다는 깨달음으로 연결된다.

페스탈로치는 단순한 교육자가 아니었다. 스위스는 물론이고 전 세계에 영향을 미친, 지금도 교육의 성자로 추앙받는 인물이다. 당연히 그의 교육철학은 당시 스위스 전역으로 퍼져나갔다. 즉 당시 스위스의 거의 모든 아이들이 체계적으로 형상화 교육을 받았다고 할 수 있다. 이를 놓고 볼 때 우리나라가 VD 기법을 통해 한강의 기적을 이루었듯이 스위스 역시 형상화 교육을 통해 강소국의 기적을 이어나갔다고 말한다면 너무 심한 비약일까?

형상화 기술과 VD 기법의 공통점

《생각의 탄생》에서 로버트 루트번스타인과 미셸 루트번스타인은 불가능해 보이는 어떤 일을 이룰 수 있는 가장 큰 비결로 형상화 능력을 들고 있다. 아니, 비범한 업적을 이룬 사람들과 평범한 사람들의 가장 큰 차이점으로 형상화 능력의 유무를 들고 있다.

두 사람은 그 증거로 노벨물리학상 수상자 리처드 파인먼, 면역학 연구로 노벨상을 수상한 샤를 니콜, 발전기와 변압기를 발명한 찰스 스타인메츠, 교류 전동기를 발명한 니콜라 테슬라 등 노벨상을 수상한 수많은 과학자들과 찰스 디킨스, 테네시 윌리엄스, 브론테 자매, 생텍쥐페리, 헨리 밀러, 톨킨 같은 위대한 작가들과 이고르 스트라빈스키, 루치아노 파바로티 같은 음악의 거장들 그리고 루이즈 부르주아, 조지아 오키프 같은 천재적인 미술가들의 형상화 능력을 예로 들고 있다.

희망적인 사실은 형상화 능력은 후천적으로 얼마든지 습득 가능하다는 점이다. 로버트 루트번스타인과 미셸 루트번스타인은 말한다.

"극히 소수의 사람만이 다른 사람들보다 뛰어난 형상화 능력을 타고나며 대부분의 사람들은 연습을 통해 능력을 키울 수 있다. 연습을 많이 하면 할수록 수많은 발명가와 수학자, 물리학자, 화가, 작가, 무용가들이 해왔던 '시각형 사고' 과정에 참여할 기회가 많아지고, 그것에 대해 더 많은 것을 이해하게 될 것이다."

"이 후천적 학습(형상화 교육)은 반드시 어린 시절에 해야만 하는 것은 아니다. …… 도안, 제도, 드로잉, 회화, 사진술 등을 제대로 연마하면 성인들도 얼마든지 형상화 능력을 향상시킬 수 있다."

로버트 루트번스타인과 미셸 루트번스타인이 말한 '형상화 능력'이 주로 창조 활동에 관한 것이라면 《꿈꾸는 다락방》에서 말하는 'VD 능력'은 꿈에 관한 것이다. 고도로 발달된 형상화 능력이 과학, 문학, 음악, 미술 등의 분야에서 천재를 만들어낸다면 현실과 상상의 경계조차 허물어버리는 VD 능력은 위대한 성공자를 만들어낸다. VD 능력은 형상화 능력과 마찬가지로 후천적으로 습득이 가능하다.

R=VD를 형상화하라

나는 스무 살 3월, 그러니까 1993년 3월 도서관에서 작가가 되겠다는 꿈을 갖게 되었다. 이때부터 자기계발서를 치열하게 읽으며 R=VD 공식을 공부했다.

하지만 현실적으로 볼 때 나는 절대로 작가가 될 수 없는 사람이었다. 잘 알려져 있다시피 나는 나이 스물이 되도록 일기 한 번 제대로 써본 적이 없었다. 전국 규모의 백일장 대회 같은 곳에서 입상하기는커녕 학급 글짓기 대회에서조차 상 한 번 받아본 적이 없었다. 또 내가 즐겨 읽었던 책은《드래곤볼》이나《닥터 슬럼프》 같은 만화책이었다.

주위의 모든 사람들은 작가가 되겠다는 나를 당연히 미친놈 취급했다. 나는 내가 미치지 않았다는 사실을 증명하기 위해 열심히 글을 써서 신춘문예를 비롯한 각종 문예지와 출판사에 보냈다. 그리고 이 사실을 철저하게 비밀에 부쳤다. 사람들을 놀라게 하고 싶었기 때문이다.

하지만 정작 놀란 것은 나였다. 응모한 모든 문예지로부터 철저하게 외면 받았고, 원고를 보낸 모든 출판사로부터 거절 통보를 받았기 때문이다. 정말 한 군데도 빠짐없이 말이다. 그때 나는 처음으로 깨달았다. 나에게 작가의 재능이란 없음을. 엎친 데 덮친 격으로 내가 문예지와 출판사로부터 지독한 퇴짜를 맞고 있다는 사실이 알려졌고, 나는 진짜로 미친놈이 되었다.

덕분에 내 인생에서 가장 힘든 시기 중 하나를 보내게 되었는데, 정말이지 어떤 방법을 써서라도 지구를 떠나고만 싶었다(실제로 1993년부터 1998년까지 때때로 극심한 자살충동에 시달리곤 했다. 이때 나는 성서와 자기계발서를 읽으며 우울증과 자살충동을 이겨냈다).

아무튼 나는 1993년도부터 VD에 관한 공부를 시작했다. 얼마나 많은 책을 읽었는지 모른다. 얼마나 많은 자료를 조사했는지 모른다. 처음 7년은 한 지방 도시에 위치한 도서관 세 곳의 자료를 샅샅이 뒤졌고, 그다음 7년은 또 다른 도시에 위치한 도서관 네 곳의 자료를 남김없이 조사했다. 그 결과 지난 수백 년 동안 서구의 자기계발 작가들을 통해 전수되어온 VD 기법을 총 9가지사진 VD, 동영상 VD, 소리 VD, 장소 VD, 글 VD, 파티 VD, 정신의 영화관, 상상의 멘토링, 상상의 회의로 정리할 수 있었다.

그런데 막상 《꿈꾸는 다락방》이 나오자 많은 사람들이 VD 기법을 이상하게 생각했다. "당신 말대로 사진을 들여다보고 글로 써서 꿈이 이루어질 수 있다면 세상에 꿈을 못 이룰 사람이 아무도 없겠다."는 식이었다. 게다가 당시에는 베스트셀러 작가도 아니었던 터라 "그렇게 효과가 있다면 당신부터 베스트셀러 작가가 되어보시지." 하고 비아냥거리는 말도 제법 들었다.

하지만 마침 다행스럽게도 로버트 루트번스타인과 미셸 루트번스타인의 《생각의 탄생》이라는 책이 나와서 베스트셀러가 되었다. 그 책을 읽은 많은 사람들이 VD 기법과 본질적으로 동일선상에 있는 형상화 기술에 대해 알게 되었고, 《꿈꾸는 다락방》에서 말하는 VD 기법을 지지하기 시작했다. 덕분에 나는 한숨 돌리게 되었다.

다음 이야기로 넘어가기 전에 이 말을 하고 싶다.

페스탈로치가 세운 주립학교 출신 학생 중에 학교에서 배운 형상화 기술을 자신의 일과 인생에 적용해 어마어마한 성취를 거둔 사람이 있었다. 그의 이름은 아인슈타인이다.

내가 걷는 길은
험하고 미끄러웠다.
그래서 나는 자꾸만 미끄러져
길바닥에 넘어지곤 했다.
그러나 나는 곧 기운을 차리고
내 자신에게 말했다.
"괜찮아.
길이 약간 미끄럽긴 해도
낭떠러지는 아니야."

– 에이브러햄 링컨 –

Vivid Dream = Realization

Chapter 11

기법① + 플래카드 VD

꿈 앞에 망설이는 나와 이별하라

성공자의 사고방식을 가진 사람들에게 장애물이란
가슴속에서 미친 듯이 불타오르고 있는 꿈 위로 부어진
한 드럼통의 기름에 불과하다.
그들은 앞을 가로막은 장애물이 크고 높을수록
더욱 열정적으로 변한다.
그들은 Vivid Dream을 하는 존재들이기 때문이다.

이미 성공한 자신의 모습을
눈앞의 사물을 보듯이 생생하게 바라보고 있는데
어떤 장애물이 그들의 의지를 꺾을 수 있겠는가.
그들은 마침내 꿈을 이루고야 만다!

플래카드 VD 기법이란 꿈을 플래카드에 적어서 걸어놓는 것을 말한다. 작은 크기로 만들어 책상 앞이나 벽에 걸어도 좋고, 중간 크기로 만들어 현관이나 대문 앞에 걸어도 좋다. 나는 일반 플래카드 크기로 만들어서 아파트 정문, 학교 교문, 회사 정문, 길거리 등에 걸어놓는 것을 적극 추천하고 싶다.

그러니까 만일 당신의 꿈이 전교 10등 안에 드는 것이라면, "××학년 ××반 ○○○은 곧 있을 시험에서 전교 10등 안에 들겠습니다. 응원해주세요!"라고 적어서 교문 앞에 걸어두고, "우리 아파트 ××동 ××호에 사는 ○○○은 이번 기말고사에서 전교 10등 안에 들겠습니다. 기도해주세요!"라고 적어서 아파트 정문에 걸어둔다. 물론 학교 및 아파트 관리사무소에 사전 허가를 받아야 할 것이다.

또 만일 한 달에 1억 원대의 매출을 올리는 영업사원이 되는 것이 꿈이라면, "○○팀 ○○○은 앞으로 1년 안에 한 달에 1억 원의 매출을 올리는 사람이 되겠습니다. 성원해주세요!"라고 적어서 회사 정문 앞에 걸어둔다. 물론 꼭 정문이 아니어도 좋다. 미관상 좋은 지점에 걸어두어도 좋고 사무실 안에 걸어두어도 좋다. 아파트 정문 앞에는 "우리 아파트 ××동 ××호에 사는 ○○○은 ○○○회사를 다닙니다. 저의 꿈은 한 달에 1억 원의 매출을 올리는 사람이 되는 것입니다. 응원해주세요. 감사합니다!"라고 적은 플래카드를 걸어둔다.

웬 미친 소리냐고 하는 사람이 있을지 모르겠다. 맞는 말이다. 이런 행동은 미친 짓이다. 허나 미쳐야[狂] 미친다[及].

플래카드 VD 기법은 꿈의 배수진이라고 할 수 있다. 마음껏 꿈꾸기조차 두려워하는 나, 꿈을 이루기 위한 행동을 개시하지만 결국 작심삼일로 만들어버리고 마는 나약하기 이를 데 없는 나 자신과 영원히 결별하기 위한 것이다.

9가지 VD 기법은 파티 VD를 빼고는 전부 혼자만의 VD 기법이다. 당신이 VD 기법을 실천하는지 안 하는지 주변 사람들은 모른다. 즉 당신은 언제라도 VD 기법을 그만둘 수 있다. 당신이 그만둔다고 해서 뭐라고 할 사람이 아무도 없다는 사실을 잘 알기 때문이다.

특별히 강한 의지를 지녔다면 모를까 대부분의 사람들은 VD 기법 실천을 오래지 않아서 그만두게 된다. 꿈은 이루어질 기미조차 보이지 않고 VD 기법을 실천하는 것은 수고스럽기만 하다. 처음에는 뜨겁게 실천하지만 점점 형식에 그치고 만다. 그 결과 조금씩 VD를 잊게 되고 마침내는 꿈까지 잃어버리고 만다. 이런 삶의 우울한 결말에 대해서는 굳이 이야기하지 않겠다.

플래카드에 꿈을 적어서 회사나 아파트 정문에 걸어두면 모든 사람이 알게 된다. 당신의 꿈을. 그리고 모든 사람들이 궁금해한다. 당신의 꿈을.

사람들은 당신을 만날 때마다 안부를 묻는 대신 당신의 꿈을 물을 것이다. 꿈이 어느 정도 이루어지고 있는지, 꿈을 이루기 위해 얼마나 열심히 살고 있는지를. 그리고 당신의 꿈을 세상에 열심히 전파할 것이다. 지인들에게 전화를 걸어서, "이봐, ○○○알지? 그 친구가 이번에 이상한 플래카드를 내걸었더군. 내용이 뭔지 알아? ~라네. 자네 ○○○을 어떻게 생각해?" 이런 말을 한다는 의미다.

소수의 사람들은 당신의 팬이 되어 당신의 꿈을 지지할 것이다. 다수의 사람들은 재미있다는 얼굴로 일이 어떻게 진행되어가는지 호기심을 갖고 지켜볼 것이다. 또 다른 소수의 사람들은 당신을 비웃고 안줏거리로 삼을 것이다.

어쨌든 당신은 단지 꿈을 적은 플래카드를 하나 걸어놓은 것만으로 자의 반 타의 반으로 꿈의 사람으로 변화한다. 꿈을 이루겠다고 공개적으로 선언했기 때문에 막대한 책임감을 갖게 되고, 그 책임감은 꿈을 반드시 이루지 않으면 안 된다는 사명의식으로 발전한다. 한편으로 꿈꾸는 것을 게을리하는 나, 꿈을 이루기 위해 목숨 걸고 뛰지 않는 나를 볼 때마다 정신을 바짝 차리게 된다. 이렇게 살면 절대로 꿈을 이룰 수 없다는 사실을 당신 스스로가 잘 알기 때문이다.

이런 책임감과 사명의식, 자기 각성은 당신을 긍정적으로 미치게 만들고, 당신은 누가 뭐라 하지 않아도 스스로 젖 먹던 힘까지 쥐어짜게 된다. 당신의 내부에 존재하는 모든 힘은 물론이고 당신이 갖고 있지 않은 힘까지도 끌어들여 생생하게 꿈을 꾸게 되고 꿈을 이루기 위한 행동을 결사적으로 하게 된다. 당연히 이런 사람은 기적을 만들게 된다.

동네 슈퍼 주인에서 꿈의 전사로

플래카드 VD 기법을 가장 열심히 실천하고 있는 집단이 있다. 기업이다.

기업들은 막대한 비용을 들여 자신들의 꿈을 적은 플래카드를 전국 곳곳에 설치한다. 아니, 꿈을 이루기 위해서는 플래카드 정도로는 부족하다는 사실을 잘 알기 때문인지 빌딩 옥상에 거대한 광고판을 설치하고, 거액을 들여 신문에 광고를 내고, 홍보 동영상을 만들어 인터넷에 올리고, TV나 라디오에도 내보낸다. 알다시피 이 모든 것은 결국 《꿈꾸는 다락방》에서 말하는 VD 기법들이다. 신문광고는 글 VD 기법의 일종이고, CF는 동영상 VD 기법의 일종이다.

어디 이뿐인가? 특히 대기업일수록 수억 원 넘는 돈을 써가면서 '비전 선포식'을 거행한다. 전 임직원이 참석해서 한 목소리로 "향후 몇 년 이내에 세계 몇 위 안에 들겠다, 매출을 얼마까지 올리겠다." 같은 비전을 선포하는 것이다. 알다시피 이는 소리 VD 기법이다.

영세 업체가 "3년 이내에 우리 시에서 최고의 실적과 최상의 고객 서비스를 자랑하는 일류 회사가 되겠습니다!" 같은 내용의 플래카드를 걸어두는 것을 본 적이 있는가? 플래카드가 아니라도 전단지에 꿈을 적어 고객에게 홍보하거나 확신에 찬 목소리로 꿈을 선포하는 것을 본 적이 있는가? 아마도 없을 것이다.

대기업과 영세 업체의 근본적인 차이점이 무엇이라고 생각하는가? 조직? 인재? 자금?

다 아니다. 내가 보기에는 오직 '꿈'이다.

대기업은 꿈을 꿀 줄 알고, 꿈을 선포할 줄 알고, 꿈이 어떤 기적을 만드는지 잘 안다. 때문에 그들은 끝없이 꿈을 꾸고, 거액을 들여 꿈을 선포하고, 꿈을 이루어주는 VD 기법을 실천하는 데 열심이다. 그러나 대부분의 영세 업체는 꿈이 무엇인지조차 모른다.

만일 영세 업체가 꿈의 힘을 깨닫고 꿈의 전사로 변화되면 무슨 일이 벌어질까? 월마트 같은 세계적인 기업을 창시하는 존재가 될 것이다. 말도 안 된다고? 월마트도 동네 슈퍼 규모에서 시작했다. 우리나라 대기업들 중에도 오늘날의 동네 슈퍼 정도의 규모에서 시작한 기업이 꽤 있다. 대표적인 몇몇 사례를 보자.

교보그룹은 서울 중구 을지로1가 52번지에 위치한 2층 다락방에서 시작했다.

동원그룹은 서울시 중구 명동2가 38-2번지 401호에서 시작했는데 사무실 면적이 고작 14평에 불과했다.

롯데그룹은 도쿄 스기나미구 오기쿠보 4번지에 위치한 남루하기 이를 데 없는 벽돌집에서 시작했다. 그것도 폭격을 받아 절반 이상이 불에 탄 건물이었다. 당시는 1946년이었다.

동부그룹은 직원 2명으로 시작했다.

일진그룹은 창업자의 집 창고에서 시작했다.

이외에도 더 많은 사례가 있다.

영세 업체에서 시작해 중소기업, 더 나아가 대기업으로 성장한 회사들은 한국기업 역사는 물론이고 세계기업 역사에 수없이 많이 등장한다.

꿈을 어떻게 대접할 것인가

플래카드 VD 기법을 읽은 대부분의 독자들이 아파트 정문에 꿈을 적은 플래카드를 걸어두라는 내 말을 황당하게 생각했을 것이다. 이게 바로 '꿈'을 대하는 우리의 현실이다.

"생생하게 꿈꾸면 이루어진다."라는 말을 하면 미심쩍게 쳐다보고, VD 기법 이야기를 꺼내면 무슨 사이비 보듯 하는 게 우리다.

친구들과 밤새도록 술을 마시면서 뒷말은 할 수 있어도 자신의 꿈을 선포하는 데는 단 10분도 쓰지 못하는 게 우리의 모습이다.

새로운 미래를 만드는 데 하등 도움도 주지 못하는 텔레비전은 하루에 두세 시간씩 시청할 수 있어도 VD 기법은 단 10분도 실천하지 못하는 게 우리의 모습이다.

사소한 의견 차이로 부부싸움은 며칠씩 할 수 있어도 배우자에게 왜 더 큰 꿈을 갖지 못하느냐는 말은 죽어도 하지 못하는 게 우리의 모습이다.

신형 스마트폰을 안 사준다는 등의 이유로 부모님께 몇 주일씩 반항은 할 수 있어도 꿈 대신 현실을 선택하라고 강요하는 부모님께 저항 한 번 못하는 게 우리의 모습이다.

메이커 옷을 입지 못하고 메이커 운동화를 신지 못하는 것은 얼굴이 다 빨개질 정도로 부끄러워하면서도 꿈을 갖지 못한 것에 대해서는 부끄럽다는 생각 자체도 하지 못하는 게 우리의 모습이다.

고작 체중 몇 킬로그램을 빼기 위해 헬스클럽을 죽어라 다니고 심지어는 자발적으로 굶주리기까지 하는 의지는 발휘할 수 있어도 꿈을 이루기 위한 의지는 손톱만큼도 발휘하지 못하는 게 우리의 모습이다.

당신이 대접하는 만큼 대접받는다는 황금률이 있다. 꿈도 마찬가지다.

당신이 꿈을 믿는 만큼 꿈도 당신을 믿어준다.

당신이 꿈을 소중하게 대하는 만큼 꿈도 당신을 소중하게 대한다.

당신이 꿈을 위해 투쟁하는 만큼 꿈도 당신을 위해 투쟁한다.

당신이 꿈을 이루기 위해 움직이는 만큼 꿈도 당신을 위해 움직인다.

그러니 대접받고 싶은 대로 꿈을 대접하라.

지금 이 순간이야말로 일할 때다.

지금 이 순간이야말로 싸울 때다.

지금 이 순간이야말로

나 자신을 보다 더 나은 사람으로 만들 때다.

지금 이 순간 하지 않으면

언제 할 수 있겠는가.

지금 이 순간이야말로 일할 때다.

지금 이 순간이야말로 싸울 때다.

지금 이 순간이야말로

나 자신을 보다 더 나은 사람으로 만들 때다.

– 토머스 아 켐피스 –

Chapter 12

기법② + 통합 VD

내 안의 거인을 깨우는 꿈의 의식

세상에서 가장 불행한 사람은
살아 있는 동안 꿈을 이루지 못한 사람이다.

당신에게는 자기 변화라는 꿈이 있다.
당신은 꿈의 실현을 도대체 언제까지 미룰 작정인가.

지금 이 순간부터 시작하라.
지금 이 순간부터 새로운 삶을 살아라.
그리고 마침내 꿈을 이루어라!

통합 VD 기법은 9가지 VD 기법 중 소리 VD, 글 VD, 정신의 영화관 기법을 통합한 것을 말한다. 통합 VD 기법은 내가 만들었다. 관심이 있는 분은 한번 실천해보길 권한다.

통합 VD 기법은 정신의 영화관 기법부터 시작한다. 아침에 일어나자마자 해도 좋고 취침하기 전에 해도 좋다. 물론 낮이나 저녁에 해도 무방하다.

정신의 영화관 기법이 끝나자마자 글 VD 기법으로 넘어가므로 종이와 펜을 준비하는 게 좋다.

1단계. 혼자만의 조용한 공간으로 가라. 의자에 앉거나 침대에 누워라.

적색편이라는 것이 있다. 빛의 파장이 원래보다 더 길게 관측되는 현상을 말한다. 지구에서는 야구공의 속도를 측정하거나 과속 차량을 적발할 때 주로 사용한다.

우주에도 적색편이가 있다. 천문학자들이 은하들의 적색편이를 토대로 지구에서 각 은하까지의 거리를 계산해서 은하분포도를 만든 적이 있다. 그랬더니 놀라운 결과가 나왔다. 모든 우주의 은하가 지구를 중심으로 동심원을 그리며 분포돼 있는 것이 밝혀진 것이다.

더 놀라운 사실은 적색편이의 값을 거리로 환산했더니 동심원의 간격이 약 1백만 광년 정도로 동일했다는 것이다. 이는 별들의 적색편이에 대한 연구로 유명한 천문학자 티프트 교수를 비롯한 수많은 천문학자들이 인정한 사실이다. 아무튼 천문학자들은 이러한 우주 모델을 불연속 은하라고 이름 붙였다.

진화론이나 빅뱅이론은 전적으로 불완전한 인간의 머릿속에서 나온 이론이다. 이 두 이론의 추종자들은 지구를 티끌보다 못한 행성으로, 인간을 동물과 똑같은 존재로 격하시키는 데 열심이다. 하지만 직접 관측된 증거들을 가지고 이야기하는 적색편이는 정반대의 사실을 말하고 있다. 지구가 우주의 중심이라고 이야기하고 있다.

적색편이는 지구가 대폭발로 우연히 생겨난, 있으나 마나 한 그런 행성이 아니라 처음부터 우주의 중심에 위치하도록 창조된 특별한 행성이라는 사실을 알려주고 있다. 또 인간은 우연히 원숭이에서 진화한 짐승이 아니라 우주의 중심인 지구에서 살도록 창조된 특별한 존재라는 사실을 알려주고 있다.

왜 갑자기 이런 심오한 이야기를 하는 것일까? 다름 아닌 당신을 위해서다.

당신이 특별한 존재라는 사실은 이미 과학적으로 증명됐다. 당신은 절대로 평범한 존재가 아니다. 하찮은 존재는 더더욱 아니다. 당신은 놀라운 존재요, 위대한 존재다.

당신은 우주의 중심인 지구에서 살고 있다.

당신 안에는 하나님의 형상이 자리 잡고 있다.

이 사실만으로도 당신은 특별한 인생을 살 자격이 있다.

당신은 꿈을 꿀 수 있고, 그 꿈을 이룰 능력과 자격을 가진 존재라는 말이다. 이 사실은 당신 자신이 더 잘 알고 있다.

당신 안에 약한 당신만 있는가? 회사에서 상사 눈치나 보고, 쥐꼬리만 한 월급에 한숨짓고, 변화하고 싶지만 시도조차 하지 못하는 초라하고 보잘 것 없고 나약한 당신만 있는가?

아니다. 당신 안에는 강한 당신도 있다.

대기업 몇 개쯤은 세우고도 남을 능력을 가진 당신, 이 세상의 모든 돈을 끌어모을 수 있는 잠재력을 가진 당신, 상상하는 그대로 변화할 수 있는 신비한 힘을 가진 당신도 있다.

당신은 당신 안에 있는 또 다른 당신을 아주 잘 알고 있다. 이제 당신 안에 잠들어 있는 거인을 깨우는 꿈의 의식을 치러보자.

2단계. 눈을 감고 꿈의 나래를 펼쳐라.

마음의 눈으로 우주를 보아라. 그 우주를 가득 채운 무수한 은하들을 떠올려보라. 그 은하들의 중심에 지구가 위치해 있다. 누군가가 우주를 만들고 그 중심에 의도적으로 지구를 위치시켰다. 그가 누구겠는가? 하나님이시다.

"하나님은 사랑이시다."라는 성경 말씀이 있다. 또 "하나님은 천지, 즉 우주와 지구에 충만하다."라는 성경 말씀도 있다.

사랑이신 하나님은 온 우주에 충만해 있다. 그 사랑이 우주의 중심인 지구로 퍼부어지고 있다. 대기권을 지나 대한민국 위로, 당신이 지금 VD 기법을 실천하고 있는 장소 위로, 그리고 당신의 영혼 위로 빛처럼 비처럼 퍼부어지고 있다.

그 무한한 사랑이 무한히 밝고, 무한히 따뜻하고, 무한히 아름다운 작은 빛 덩어리로 변해 당신의 이마 위에 머물러 있다고 상상해보라.

그리고 당신의 머릿속에 든 온갖 부정적인 감정들—원망, 증오, 분노, 시기, 질투, 고통, 슬픔 같은 것들—을 마치 어머니의 손처럼 따뜻하게 감싸서 밝고 아름다운 감정들—감사, 기쁨, 행복, 용서, 믿음, 소망, 사랑 같은 것들—로 변화시키는 광경을 상상해보라.

아니, 그 빛 덩어리는 지금 당신을 실제로 치유하고 있다.

빛 덩어리가 이마에서 눈으로 간다.

눈에서 뺨으로, 목으로, 가슴으로, 배로, 다리로 서서히 내려간다.

빛 덩어리는 당신의 마음 깊이 새겨진 모든 부정적인 기억들을 긍정적인 것으로 변화시킨다. 더불어 당신 안에 숨어 있는 모든 질병의 원인을 건강의 원인으로 변화시킨다.

빛 덩어리가 당신을 통과해서 당신의 온 영혼과 온 마음과 온 몸을 뒤덮는다.

이제 당신의 모든 것은 사랑으로 가득 찼다. 아니, 당신 자체가 사랑이 되었다.

당신이 지을 수 있는 가장 환한 미소를 지어보라. 그리고 당신 자신에게 이렇게 말해보라.

"넌 축복받았어!"

"넌 아름다워!"

"넌 밝고 환해!"

"넌 행복해!"

"넌 건강해!"

이어서 이렇게 말하라.

"지구야, 고맙다!"

"하나님, 감사합니다!"

이번에는 온 인류를 생각하며 말하라.

"당신들에게 사랑과 감사를 드립니다!"

만일 당신이 꿈의 의식을 진심으로 치렀다면 당신의 집합무의식은 긍정적으로 변했을 것이다.

3단계. 입을 열어 꿈을 선포하라.

이제 꿈을 선언할 차례다.

집합무의식에게 당신의 꿈을 위해 움직이라고 명령할 차례다.

마음의 눈을 들어 꿈을 바라보라.

이미 꿈을 이룬 당신의 모습을 생생하게 그려라.

이미 꿈을 이룬 당신의 모습을 생생하게 표현하라.

입을 크게 열고 큰 소리로 말하라.

이제 눈을 떠라.

4단계. 펜을 들어라. 종이에 꿈을 적어라.

무엇을 갖고 싶다든지 어떤 사람이 되고 싶다고 적지 마라.

"무엇을 주셔서 감사합니다."라든지 "어떤 사람이 되게 해주셔서 감사합니다."라고 적어라.

그리고 당신이 바라는 그것을 가진 느낌, 당신이 꿈꾸는 사람이 된 느낌을 생생하게 적어라.

5단계. 종이에 적은 것을 다시 큰 소리로 읽어라.

통합 VD 기법이 끝났다.

이제 당신은 꿈의 전사가 되었다.

나가서 싸워라. 당신의 꿈이 이루어지는 그날까지.

스스로를 현재 모습대로 평가하면
당신은 현재 모습 그대로 남는다.
스스로를 앞으로 될 수 있고
또 되어야 하는 모습으로 대해주면
당신은 그런 사람으로 성장한다.

– 괴테 –

만일 당신에게 꿈이 있다면

그 빛을 흐리게 하는

어떤 것도 용납하지 말라.

– 크리스타 매콜리프 –

책을 마치며

2004년 여름의 일이다. 글을 쓰기 시작한 지 11년 3개월째 되던 시점이었고, 세상과 심적으로 절연한 지 역시 11년 3개월째 되던 때였다. 나는 그 11년 3개월 동안 진심으로 웃어본 적이 한 번도 없었다. 삶은 언제나 고통스러웠고, 마음은 늘 감당하기 어려울 정도로 슬펐고, 인간관계는 척박하기 이를 데 없었다.

그나마 위안이 되었던 것은 나의 꿈, 글쓰기였다. 나는 글을 쓸 때만 진정으로 행복할 수 있었고, 매일 열심히 글을 쓸 수 있었기에 학교에서 아이들을 즐겁게 가르칠 수 있었다.

당시 나는 1년 4개월 동안 하루에 고작 4시간 정도만 자면서 쓴 원고를 20곳의 출판사로 보내고 있었다. 이미 60곳의 출판사로부터 거절 받은 원고였다. 참고로 이 원고는 한 번 개정한 것이었는데, 개정하기 전의 원고도 40여 곳의 출판사로부터 거절을 받았었다.

'만일 이번에도 전부 거절 받는다면 뛰어내리리라.'

나는 나도 모르게 이런 비장한 결심을 하고 있었다. 창문 밖으로 온 세상이 하얗게 보일 정도로 비가 퍼부어지고 있었다.

그리고 약 한 달 뒤, 나는 또다시 출판 거절을 받기 시작했다.

스무 번째 출판사로부터 "죄송합니다만"으로 시작되는 말을 들었을 때 내 머릿속에 떠올랐던 유일한 생각은 뛰어내려야 한다는 것이었다.

그런데 너무 큰 심적 충격을 받았기 때문이었을까? 다리는 물론이고 온몸에 힘이 풀려서 뛰어내리기는커녕 제대로 걸을 수조차 없었다. 나는 두 다리를 겨우 질질 끌며 자췻집으로 향했다. 일단 집에 가서 원기를 회복하리라, 그리고 뛰어내리리라! 이렇게 혼잣말을 하면서.

그리고 자취방에 도착하자마자 침대 위로 쓰러졌다. 얼마 후 잠에서 깨어나니 과연 온몸에서 기운이 넘쳐흐르고 있었다. 활짝 열어둔 창문 밖에서는 진한 녹색을 자랑하는 잎사귀들이 8월의 햇빛을 맹렬하게 튕겨내고 있었다.

나는 내 자신에게 한 약속을 지켰다.

진짜로 뛰어내렸다는 말이다. 물론 침대에서.

단지 뛰어내리겠다고 했을 뿐 어디에서 뛰어내린다는 말은 하지 않았기에 나는 쿠션 좋고 안전한 침대를 선택했던 것이다.

나는 마치 지옥의 불구덩이에서 돌아온 사람처럼 다시 컴퓨터 앞에 앉았다. 그리고 새벽이 올 때까지 내 꿈을 향해 질주했다. 어느 틈엔가 창문을 뚫고 들어온 별빛이 내 방을 환하게 비추고 있었다.

그때 나는 처음으로 깨달았다. 하나님께서는 날개를 가진 사람만 벼랑 끝으로 내모신다는 것을. 그리고 낭떠러지 아래로 그냥 밀어버리신다는 것을. 그래야 그가 날개를 활짝 펴고 날아오를 테니까.

인생의 벼랑 끝에 몰린 사람, 벼랑 아래로 추락하고 있는 사람들에게 드리고 싶은 말씀이 있다.

"당신은 지금 꿈의 날개를 펴야 할 때다."

눈물이 비처럼 앞을 가렸던 2004년의 여름 어느 날, 언젠가는 반드시 내 꿈의 칼로 세상의 심장을 찌르리라 맹세하며 썼던 시詩 〈꿈을 가진 사람〉을 소개하며 이만 펜을 놓고자 한다.

부족하기 이를 데 없는 책을 끝까지 읽어주신 모든 독자님들께 큰절을 올린다.

꿈을 가진 사람에게
비웃음과 비난, 무시와 멸시를
던지는 사람들아
실패와 좌절, 눈물과 한숨을
안기는 세상아
계속 던져라
나에게 계속 안겨라
언제나 그래왔듯이
내게 주어지는 이 모든 악惡을
오늘도, 내일도
나는
웃는 얼굴로 받아들일 것이니
당신들이 던지는 돌멩이를
내 성실한 땀방울로 씻어
빛난 열매로 바꿀 터이니
비웃으라, 사람들아
핍박하라, 세상이여

나는 내 꿈의 화신이 되어

앞으로,

오직 앞으로만 나아갈 것이니

— 2008년 6월 어느 날 성남에서

책을 마치며 2

《꿈꾸는 다락방》이 출간된 지 벌써 10년이 넘었다. 최근에 나는 한 인터넷 서점에서 주최한 《꿈꾸는 다락방》 10주년 기념 북 콘서트에서 '다시, 꿈꾸는 다락방'이라는 제목으로 강의를 하였다. 꿈 강의는 참으로 오랜만이었다. 2010년에 《리딩으로 리드하라》를 출간한 이후 나의 강의는 주로 인문학과 관련된 것이었기 때문이다.

그날의 강의는 다른 누구보다 내 가슴을 뜨겁게 만들었다. 나는 꿈을 꾸는 것의 소중함을 다시금 확인하였고, 꿈꾸는 자가 가장 지혜롭고 강한 사람이라는 사실을 다시 한 번 깨달았다.

강의를 마친 다음 날, 나는 컴퓨터에서 오래된 원고 파일 두

개를 불러냈다. 2008년에 출간된 《꿈꾸는 다락방 2》와 2009년에 출간된 《꿈꾸는 다락방 스페셜 에디션》 원고 파일이었다. 나는 고작 이틀 만에 두 원고를 하나로 정리해 《이지성의 꿈꾸는 다락방 2》 원고를 만들었다. 원래대로라면 한두 달 걸릴 작업을 48시간 만에 해낸 것이다. '꿈' 강의가 있었던 날, 객석을 가득 채운 청중들과 함께 '꿈'으로 새롭게 불타올랐기에 가능한 일이었다.

《이지성의 꿈꾸는 다락방 2》를 만들며 나는 다짐했다. 평생 '꿈'에 대해 이야기하는 사람이 되자고. 모두가 '꿈'을 불신하고 무시하더라도 나만은 '꿈'을 믿고 사랑하는 사람이 되자고. 그리고 모든 '꿈'을 이루는 사람이 되자고.

오늘의 다짐을 잊지 않기 위해 다음 시詩, 작자 미상로 이 책의 마지막을 장식하고 싶다.

만일 네가 안 된다고 생각하면
너는 안 될 것이다.
만일 네가 실패할 거라고 생각하면
너는 실패할 것이다.
만일 네가 승리할 수 있다고 믿어도
또 다른 마음으로 이건 무리라고 말한다면

너는 절대로 승리하지 못할 것이다.

세상에서는 언제나 끝까지

성공을 간절하게 바란 사람만이 성공했다.

모든 것은 사람의 마음이 결정하나니

만일 네가 이길 거라고 생각하면

너는 이길 것이다.

만일 네가 무엇인가를 진정으로 구하면

그것을 얻게 될 것이다.

강한 자만 승리한다는 법은 없다.

빠른 자만 승리한다는 법도 없다.

나는 할 수 있다고 생각하는 자가

결국 승리하게 되나니

새로운 마음으로 다시 시작하라.

여기까지 읽어주신 모든 독자님들께 감사드린다. 아울러 모든 독자님들의 꿈을 응원한다.

— 2017년 10월 어느 날 파주에서

Vivid Dream = Realization

부록 1

꿈의 공식 R=VD 사용 설명서

나는 그동안 VD 기법을 실천한 독자들로부터 많은 질문을 받았다. 질문들은 대략 다음 몇 가지로 정리된다. 문답 형식으로 풀어나가 보겠다.

VD 기법은 누가 어떻게 만들었는가?

VD 기법은 서구의 전설적인 자기계발 작가들이 만들었다. 이들은 호텔 벨 보이로 시작했지만 세계 각지에 250개 넘는 호텔을 세운 호텔 왕이 된 콘라드 힐튼 같은 사람들을 연구하다가 특이한 점을 발견했다. 그들은 사진을 바라보면서 생생하게 꿈꾼다든가 꿈을 글로 적는다든가 하는 습관을 가지고 있었다.

작가들은 성공한 사람들의 VD 습관을 소수의 추종자들에게 전수했다. 그랬더니 이변이 벌어졌다. 추종자들이 대성공을 거두게 된 것이다. 작가들은 이 놀라운 성공 기법을 대중적으로 전파해야겠다는 생각을 하게 되었고, 그 결과 사진 VD, 장소 VD, 소리 VD, 글 VD 같은 기본적인 VD 기법이 탄생하게 되었다.

한편으로 작가들은 현실과 상상의 경계를 구분하지 못할 정도로 강렬하게 VD 할수록 성공 또한 빠르게 찾아온다는 사실을 발견했고, 최면의 원리를 VD 기법에 적용할 필요성을 느끼게 되었다. 그 결과 동영상 VD, 정신의 영화관, 파티 VD, 상상의 멘토링, 상상의 회의 같은 고급 VD 기법이 탄생하게 되었다.

VD 기법의 목적은 무엇인가?

우리나라에 존재하는 거의 모든 은행으로부터 "이 사업은 반드시 망합니다. 대출해드릴 수 없습니다."라는 말을 들은 사람이 있다고 하자. 당신은 이 사람에게 어떤 조언을 해주고 싶은가? 포기하지 않으면 꿈은 반드시 이루어지니까 끝까지 도전하라고 말하고 싶은가, 아니면 현실적인 이야기를 해주고 싶은가?

아니, 만일 당신이 이 사람이라면 어떻게 할 것인가? 대출해주겠다는 은행이 나타날 때까지 계속 도전할 것인가, 아니면 포기하고 새로운 사업을 구상할 것인가?

월트 디즈니는 320곳이 넘는 은행 및 투자회사로부터 투자 거절을 받았다. 디즈니의 사업계획서를 읽은 그들은 이구동성으로 말했다.

"이 사업은 너무 비현실적이기 때문에 반드시 망합니다. 당신의 투자 요청을 거절합니다."

하지만 디즈니는 끝까지 도전했고 마침내 투자를 받아 디즈니랜드를 세울 수 있었다.

《꿈꾸는 다락방》 1편에서 이야기했듯이 월트 디즈니는 소리 VD 기법의 전문가였다. 디즈니는 투자 거절을 받을 때마다 검지를 관자놀이에 대고 이렇게 외쳤다.

"내 상상력이 내 현실을 만든다. 나는 투자 유치에 성공했다. 나는 이미 디즈니랜드를 건설했다!"

월트 디즈니에게는 이 습관이 있었기에 320번이 넘는 거절을 이겨낼 수 있었던 것이다.

꿈은 비현실적인 것이기 때문에 필연적으로 무수한 시련과 좌절을 동반한다. 그렇다면 시련과 좌절을 이기는 사람이 꿈을 이룰 수 있을까? 아니다. 그 정도로는 부족하다. 마치 광신도들이 그러하듯 꿈에 미친 사람만이 꿈을 이룰 수 있다.

VD 기법의 목적은 꿈에 미친 사람을 만들어내는 것이다. 꿈에 미친 사람만이 월트 디즈니처럼 수백 명의 전문가들이 "안 된다."라는 판정을 내린 일을 오직 홀로 "된다!"라고 말하며 끝까지 밀어붙이는 비현실적인 행동을 하고, 비현실적인 행동만이 비현실적인 결과를 만들어내기 때문이다.

VD 기법에 꿈을 이루어주는 어떤 마법 같은 힘이 존재하는가?

물론 VD 기법에 꿈을 이루어주는 힘이 있긴 하지만 그렇다고 VD 기법 자체가 꿈을 이루어주지는 않는다. VD 기법을 아무리 열심히 실천해도 형식에 그친다면 꿈은 이루어지지 않는다는 말이다.

VD 기법을 진심으로 실천하는 사람의 두 눈에서는 빛이 난다. 그 사람의 가슴은 뜨겁다. 손가락을 갖다 대면 화상을 입을 정도로. 한편으로 그는 미친 사람이다. 꿈을 위해서라면 어떤 사람도 만날 수 있고 무엇이든 할 수 있다. 즉 그는 꿈을 이루기 위한 모든 긍정적인 행동을 할 수 있다.

조금 극단적으로 말하면 꿈을 현실로 만드는 마법의 힘은 오직 행동에서 나온다. VD가 아니라. 그렇다면 나는 VD를 왜 그렇게 강조하는 걸까? 다름 아닌 VD가 행동을 이끌어내기 때문이다.

《꿈꾸는 다락방》에서 소개한 VD 기법 외에 스스로 만든 VD 기법을 사용해도 되는가?

무방하다. 어떤 VD 기법이든 당신의 가슴을 뜨겁게 달굴 수만 있다면, 당신으로 하여금 꿈을 현실로 만드는 행동을 미친 듯이 하게 만든다면 그것은 최고의 VD 기법이라고 할 수 있다.

여러 가지 기법을 한꺼번에 사용해도 되는가?

무방하다. 서너 가지를 한꺼번에 사용해도 좋고 9가지 기법 전부를 한꺼번에 사용해도 좋다.

꿈을 현실로 만들려면 꼭 VD 기법을 실천해야 하는가?

그렇지 않다. 꿈을 현실로 만드는 것은 믿음과 행동이다. 만일 당신이 꿈을 이룰 수 있다고 확신하고, 또 실제로 꿈을 이루기 위해 분투하고 있다면 굳이 VD 기법을 사용하지 않아도 좋다. 당신은 이미 꿈의 사람이기 때문이다. 그러나 만일 그렇지 못하다면 VD 기법을 사용하는 편이 좋다. VD 기법은 당신을 꿈의 사람으로 변화시켜줄 것이다.

우리나라에도 VD 기법 전문가가 있는가?

없다. 한국에 VD 기법을 최초로 소개한 사람이 나이기 때문이다. 현재 자칭 VD 전문가라는 사람들이 몇몇 활동하고 있는 것으로 안다. 앞으로도 이런 사람들이 나타날 것이다. 물론 이들에게 배운다고 해서 나쁠 것은 없다. 허나 그렇다고 좋을 것도 없다.

당신이 VD 기법에 정통하다고 해서 꿈이 이루어지는 일은 일어나지 않는다. 핵심은 열정이다. 꿈을 반드시 현실로 만들고야 말겠다는 의지요, 결단이다. 모두가 "안 된다."라며 고개 저을 때 "된다!"라고 외치며 뛰어드는 행동이다.

만일 VD 전문가라고 자칭하는 사람이 모두가 불가능하다고 말하는 꿈을 이뤄본 사람이라면 그리고 현재도 꿈에 미쳐 살고 있다면 이런 사람에게는 VD 기법을 배워도 좋을 것이다. 허나 그런 사람이 아니라면 배우지 않는 게 좋다고 조언하고 싶다. 당신 또한 그 사람들처럼 입만 살아 있는 사람이 될 가능성이 높기 때문이다. 제자는 스승을 따라간다고 하지 않던가.

설령 VD 기법을 하나도 모른다고 해도 꿈에 미쳐 살아가는 사람은 이미 한국 최고의 VD 전문가다. VD의 진정한 힘은 기법이 아닌 삶 자체에 있기 때문이다.

VD 기법을 가르칠 생각이 없는가?

VD 전문가를 자칭하는 사람들 중에 나에게 VD 기법을 전수받았다고 주장하는 사람이 있다고 들었다. 하지만 맹세컨대 나는 어느 누구에게도 VD 기법을 전수한 적이 없다. 나는 그 정도로 대단한 사람이 아니다. 대중을 상대로 VD 기법을 가르친 적은 딱 한 번 있다.

앞으로도 VD 기법을 전수할 생각은 거의 없다. 물론 언젠가는 그럴 수도 있으리라고 생각한다. 허나 당분간은 절대로 아니다. 내 부족함을 내가 잘 알기 때문이다.

앞에서도 누누이 이야기했다시피 기법 자체에는 어떤 힘도 없다. 기법은 단지 수단에 불과하다. 핵심은 꿈에 미친 열정과 꿈에 미친 행동이다. 그런데 이 두 가지는 세계 최고의 VD 전문가로부터 최고의 기법을 전수받는다고 해서 생겨나는 것이 아니다. 이 두 가지는 오직 스스로 불타오르는 사람만이 가질 수 있다.

기법은 좋은 것이다. 허나 본질적으로 기법은 부록에 불과하다. 기법을 배우는 데 연연하지 마라. 대신 핵심을 취하기 위해 노력하라. 꿈을 세우고, 그 꿈에 미쳐라. 그냥 미쳐라. 미치는 것도 노력이다. 만일 당신이 꿈에 미치면 당신은 저절로 VD 기법 전문가가 될 수 있다. 그러니 오직 꿈에 집중하라.

정신의 영화관 기법 같은 고차원적인 VD 기법을 실제로 실천하는 사람들이 있는가?

《꿈꾸는 다락방》이 독자들께 막 사랑 받기 시작할 무렵 특강을 많이 하게 됐다. 특강을 마치고 대기실에서 잠시 숨을 돌리고 있으면 꼭 누군가가 찾아왔다.

"우리나라에 정신의 영화관 기법을 소개해주어 고맙습니다. 저는 이 기법을 오래전부터 실천해오고 있습니다. 다른 누군가로부터 배워서 한 것은 아닙니다. 어느 날인가부터 저도 모르게 저절로 하게 되었습니다. 저는 이 기법 덕분에 최고의 자리에 올랐습니다. 부디 이 기법을 널리 전파해 주십시오."

그들은 하나같이 이 말을 하기 위해 나를 찾아왔다고 했다. 그때 나는 처음으로 깨달았다. 뛰는 놈 위에 나는 놈 있다는 속담의 의미를. 나는 정신의 영화관 기법을 이해하기 쉽고 실천하기 쉽게 우리나라에 소개한 첫 번째 인물이라고 자부하고 있었는데 놀랍게도 이미 우리나라의 숨은 VD 고수들은 오래전부터 정신의 영화관 기법을 스스로 실천해오고 있었던 것이다. 다름 아닌 이 깨달음이 나를 겸손하게 했다.

현존하는 세계적인 인물 중에 정신의 영화관 기법을 가장 열심히 실천한 사람이 있다. 골프선수 타이거 우즈다. 타이거 우즈는 세계적인 골프 스타들로부터 "그의 골프 실력은 인간의 것이 아니다!"라는 말을 듣는 선수다. 정말 무시무시한 선수라고 할 수 있는데, 그의 지난 행적을 살펴보면 두 가지 비결이 눈에 띈다.

첫째, 노력이다. 최경주 선수는 자기관리가 철저하기로 유명한 세계적인 골퍼들 사이에서도 연습벌레로 소문난 사람이다. 최경주 선수를 만나려면 연습장으로 가라는 말이 있을 정도다. 그런 최경주 선수에게 한번은 기자들이 짓궂은 질문을 던졌다. "당신이 이렇게 열심히 노력하는데 왜 타이거 우즈가 당신보다 더 성공한 겁니까?" 최경주 선수의 대답이 걸작이었다. "그가 나보다 더 노력하기 때문입니다."

둘째, 정신의 영화관 기법이다. 내가 가진 자료에 의하면 타이거 우즈의 아버지는 VD 기법 전문가다. 그가 스스로 공부해서 VD 전문가가 되었는지 아니면 자기계발 작가나 동기부여 강사들로부터 VD 기법을 전수받았는지는 모르겠다. 아무튼 타이거 우즈의 아버지는 특히 소리 VD와 정신의 영화관 기법으로 타이거 우즈를 교육했다.

다음은 타이거 우즈가 여섯 살이 되던 해부터 그의 아버지가 반복적으로 들려주었다는 테이프의 내용 중 일부다.

나는 놀라운 가능성을 가지고 있다.

나는 확고한 결단력을 가지고 있다.

나는 장애물을 만나면 환하게 미소 짓는다.

나는 어떤 어려움도 편안하고 자연스럽게 견뎌나간다.

나는 언제나 목표에 집중한다.

나는 목표를 이루기 위해 전심전력을 다한다.

나는 태산조차도 움직일 수 있는 의지를 가지고 있다.

나의 내면에는 위대한 힘이 존재한다.

나의 결심은 강력하다.

나는 나의 결심을 이루기 위해 모든 노력을 다한다.

나는 할 수 있다.

나는 할 수 있다.

한편으로 타이거 우즈는 10대 시절부터 정신의 영화관 기법을 실천했다. 그의 영화관에는 당연히 골프가 등장하는데 — 골프 역사에 전설적인 명성을 남긴 위대한 골퍼들의 모든 장점을 한 몸에 가진 존재로 설정된 — 가상의 선수와 상상의 18홀을 도는 것이 주 내용이라고 한다. 그런데 결말이 재미있다. 타이거 우즈는 언제나 자신이 승리하는 것으로 영화를 끝냈다고 한다.

아무튼 타이거 우즈는 상상의 훈련을 통해 지구상에 존재했던 모든 천재적인 골퍼들과 현존하는 모든 천재적인 골퍼들 그리고 앞으로 존재할 모든 천재적인 골퍼들을 이길 자신감을 얻은 것 같다.

그렇다고 타이거 우즈의 아버지처럼 아이를 키우겠다고 나서는 분들이 없기를 바란다. 타이거 우즈는 아주 어렸을 때부터 골프에 미쳐 있었다. 이런 사람이었기 때문에 아버지의 무모한 천재교육에 반감이 없었다.

만일 당신의 아이가 타이거 우즈처럼 뭔가 한 가지에 미쳐 있다면 타이거 우즈의 아버지처럼 교육해도 별 탈이 없으리라. 허나 그렇지 않다면 아이를 타이거 우즈처럼 키울 욕심일랑 얼른 버리는 게 좋다. 성공하기는커녕 노이로제에 걸리거나 히스테릭한 성품의 소유자가 돼서 사회부적응자로 전락할 가능성이 매우 높기 때문이다. 까딱 잘못하면 정신의 영화관에서 정신병원으로 직행할 수도 있다는 이야기다.

현장에서 7년 넘게 수천여 명의 아이들과 만나고 교육 관련 책을 여러 권 낸 나의 판단으로는 아이들은 자유롭게, 행복하게 키우는 것이 좋다. 그러다 좋은 대학 못 가면 어떡하느냐고? 아니다. 자유롭고 행복하게 자란 아이들이 공부를 잘할 확률이 훨씬

높고, 당연히 좋은 대학에 들어갈 가능성 또한 매우 높다(여기에 대해서는 교육 관련 서적에서 충분히 이야기했으므로 길게 이야기하지 않겠다).

아무튼 타이거 우즈는 천재적인 노력과 함께 정신의 영화관 기법을 사용해서 세계 정상에 올랐다. 타이거 우즈의 사례는 우리에게 큰 깨달음을 던져준다. 어린 시절부터 천재적인 VD 교육을 아무리 많이 받더라도 무시무시한 노력을 하지 않고서는 최고가 될 수 없다는 사실, 정신의 영화관 기법이 실제로 놀라운 효과를 발휘한다는 사실을 가르쳐준다.

VD 기법을 아무리 열심히 따라 해도 선명한 영상이 떠오르지 않는다, 어떻게 해야 하는가?

이런 사람은 다음의 세 가지 중 하나에 속할 가능성이 높다.

1. 진정으로 이루고 싶은 '꿈'이 없다.
2. VD 기법을 대충 실천하고 있다.
3. 시각화 기법이 자신에게 맞지 않는다.

해법은 다음과 같다.

1. '꿈'을 만들면 된다.

2. VD 기법을 간절하게 실천하면 된다.

3. 시각화 기법 대신 변형된 소리 VD를 할 것을 권한다. 굳이 영상을 떠올리려 하지 말고 이루고 싶은 꿈을 큰 소리로 외치는 것이다. 횟수는 많을수록 좋다.

정신의 영화관 기법을 실천해보았는데 1) 잘 안 된다. 2) 꿈을 이룰 수 있다는 확신 대신 이상한 기분만 든다. 3) 이런 걸 꼭 해야 하는지 의구심만 든다. 4) 자꾸 이상한 영상이 보인다. 어떻게 해야 하는가?

즉시 중지해야 한다. '꿈'은 아름답고 소중한 것이다. 사람을 기쁘게 하고 행복하게 만들어준다. 꿈을 이루어주는 기법 역시 꿈과 같은 성질을 가지고 있다. 사람의 마음을 아름답고 즐겁고 행복하게 만들어준다. 그런데 VD 기법을 실천하면서 이런 긍정적인 감정을 느끼지 못했다면 그 사람은 헛수고한 셈이다.

긍정적인 감정을 느껴야 긍정적인 믿음을 갖게 되고 긍정적인 행동을 하게 된다. 반면 이상한 감정이나 부정적인 감정을 느끼면 이상한 믿음이나 부정적인 믿음을 갖게 되고 이상한 행동이나 부정적인 행동을 하게 된다.

만일 정신의 영화관 기법을 실천하면서 믿음과 행동이 긍정적으로 변하지 않는다면, 행복한 얼굴로 미래를 예언하는 사람 또는 매 순간을 치열하게 살아가는 사람이 되지 못한다면 그 사람은 VD 기법 따위는 때려치우는 게 좋다.

대신 철저한 자기반성을 하길 바란다. 내가 진정 꿈을 가진 사람인지 아니면 꿈을 가진 사람 흉내나 내는 사람인지, 즉 진짜인지 가짜인지 철저하게 따져보라는 말이다. 이렇게 자기반성을 끝낸 뒤에 꿈을 재정립하고 사진 VD나 글 VD, 소리 VD 같은 기본적인 VD 기법부터 실천하길 권한다.

부록 2

약해지는 마음을 위한 꿈 처방전

오랫동안 꿈을 그리는 사람은

마침내 그 꿈을 닮아간다.

– 앙드레 말로 –

꿈을 포기하고 싶을 때가 오면 다음 사람들을 기억하라.

20년 넘게 쓰면서도 평론가들로부터 "너저분한 잡동사니 같은 글만 쓴다."는 비판을 받았던 작가의 이름은 도스토옙스키다.

한 잡지 편집장으로부터 "이런 글 실력으로는 절대로 작가가 될 수 없다."라는 핀잔을 받은 한 무명작가는 《노인과 바다》로 노벨문학상을 수상한다.

9년 동안 글을 써서 단돈 30달러를 번, 도무지 어떤 희망도 보이지 않던 한 무명작가는 노벨문학상을 수상한다. 그의 이름은 버나드 쇼다.

언어장애를 가진 장 크레티앙은 정치인의 꿈을 이루고자 국회의원 선거에 출마해서 당선된다. 그리고 캐나다 총리가 된다.

지방을 순회하며 공연을 펼치는 삼류 배우들의 심부름꾼으로 일하던 한 청년은 세계적인 영화배우가 된다. 그의 이름은 클라크 케이블이다.

'친구1', '살인 청부업자', '키 큰 사내' 같은 단역을 전전하던 한 무명배우는 키아누 리브스라는 이름을 썼다.

빈민가에서 남들이 먹다 버린 빵을 주워 먹던 한 청년은 디즈니랜드를 설립한다.

투자한 주식의 3분의 1이 이익을 내지 못한 기록을 갖고 있는 투자가의 이름은 존 템플턴이다.

손님들이 남기고 간 음식으로 주린 배를 채우던 한 술집 웨이터는 20세기 최고의 펀드매니저가 된다. 그는 조지 소로스다.

태어날 때부터 오른팔이 없었던 카스트로는 자신의 꿈인 축구선수에 도전, 제1회 월드컵 대회에 출전해 역전 결승골을 성공시키며 조국 우루과이에 월드컵 우승을 선사한다.

소아마비로 인해 보호 장비 없이는 걷기도 어렵다는 판정을 받은 가린샤는 열일곱 살에 국가대표 축구선수가 된다. 그리고 총 3회의 월드컵 대회에 참가해 우승한다.

NBA 시절 9,000번의 슛을 실패하고 3,000회의 경기에서 패배한 선수의 이름은 마이클 조던이다.

커피 분쇄기와 정육점용 저울을 팔던 토머스 왓슨은 IBM 창업자가 된다.

하워드 슐츠는 '스타벅스 사업계획서' 때문에 217명의 투자자로부터 투자 거절을 받았다.

수십 곳의 의상실로부터 "당신은 절대로 패션 디자이너가 될 수 없다."는 말을 들은 한 청년은 패션의 전설이 된다. 그의 이름은 크리스티앙 디오르다.

신춘문예 탈락에 이어 출판사에 직접 투고한 원고까지 거절받는 아픔을 겪은 한 청년은 한국문학을 대표하는 소설가가 된다. 그의 이름은 이문열이다.

비위를 맞추지 않는다는 이유로 스타 여배우 앞에서 무릎 꿇고 뺨까지 맞은 한 영화감독 지망생은 한국을 대표하는 영화감독이 된다. 그의 이름은 임권택이다.

열세 살에 시력을 잃고 방황하다가 열여덟 살에 마음을 잡고 중학교 1학년부터 다시 공부한 강영우는 미국 일리노이대학교 교수, 인디애나 주 정부 특수교육 부장, 백악관 정책 차관보가 된다.

열아홉 살에 초등학교 공부를 시작한 신호범은 하와이대학교,

쇼어라인대학교, 메릴랜드대학교 교수를 거쳐 한인 최초로 워싱턴 주 상원의원이 된다.

고등학교 1학년 때 반 꼴찌였던 김영태는 2001년 서울대학교 법대 합격자가 된다.

부천여상을 졸업하고 신발공장, 자동차 대리점에서 일한 박희경은 사법시험 합격자가 된다.

고3 학년 말 시험에서 반 50등을 한 장승수는 약 5년 뒤 서울대학교 법과대학 전체 수석을 한다.

중학교를 중퇴하고 미용실 보조로 취직한 박숙경은 영국 킹스턴대학교 교수에 취임하고 세계 최초의 사이버미용대학 I.B.C의 학장이 된다.

끝도 보이지 않는 가난에 절망한 나머지 독약을 마신 남상해는 세계에서 가장 큰 중국음식점 '하림각'의 사장이 된다.

시각장애인 이상재는 미국 피바디 음대에서 6년간 전 과목 A 학점을 취득한다.

시각장애인 최민석은 2004년 서울대 법대 정시 합격자가 된다.

왼쪽 눈은 태어날 때부터 실명 상태고 오른쪽 눈 역시 실명에 가까운 상태인 김동화는 2002년 아시안게임 남자체조 링 부문 금메달리스트가 된다.

두 살 때 작두에 잘려 오른손이 사라진 투창선수 허희선은 제84회 전국체전 은메달리스트가 된다.

1급 시각장애인 이종기 협성정밀기계 대표는 250여 가지 부품이 들어가고 0.01밀리미터의 오차도 허용하지 않는 컴퓨터 조각기 부문 세계 최고기록 보유자다.

한쪽 팔이 없는 김선기는 킥복싱 한국 밴텀급 챔피언이 되고 이종격투기인 코리아 그랑프리 대회에서 준우승을 한다.

학비를 내지 못해 고등학교를 자퇴해야 했던 김종훈은 《포브스Forbes》 선정 세계 500대 부자가 된다.

모자가게에서 점원으로 일하던 백성학은 세계 최고, 최대 모자 브랜드 '영안모자'의 창업자가 된다.

사업에 실패하고 채권자들을 피해 돼지 막사에서 살던 김홍국은 우리나라 최고의 닭고기 업체 '하림'의 창업자가 된다.

신용호는 한국의 저명인사 99명으로부터 "당신이 하려는 사업은 무조건 실패한다."는 말을 들었다. 그들이 "안 된다."고 했던 사업은 '교보생명'이었다. 신용호는 교보그룹 창업자다.

동네 과외방 교사 강영중은 대교그룹 창업자가 된다.

사업에 실패하고 경찰을 피해 전국을 떠돌던 김광석은 참존화장품 창업자가 된다.

전 재산이 단돈 500만원이었던 실직자 김양평은 세계 최대, 최고의 코팅기 제조회사 GMP의 창업자가 된다.

우유배달부 신격호는 롯데그룹 창업자가 된다.

막노동꾼 김철호는 기아자동차 창업자가 된다.

양조장을 운영하던 이병철은 삼성그룹 창업자가 된다.

쌀가게 배달꾼 정주영은 현대그룹 창업자가 된다.

스물네 살까지 뻥튀기 장사를 한 성호정은 우리나라 1위의 국수업체 송학식품 창업자가 된다.

열여섯 살에 공장에 취직해야 했던 불우청소년 임정환은 세계 최고의 나사공장 창업자가 된다.

트럭 한 대로 사업을 시작한 조중훈은 세계 10대 물류수송 기업 한진의 창업자가 된다.

주유소 영업사원으로 일하고 받은 퇴직금으로 외양간을 개조해서 사업을 시작한 이억기는 반도체 검사카드 분야에서 지속적으로 세계 최고기록을 경신하는 회사를 만든다.

수세미 영업사원 이장우는 한국 3M 사장이 된다.

상업고와 야간대를 졸업한 조운호는 웅진식품 사장이 된다.

지방 농대를 졸업한 허태학은 에버랜드와 신라호텔 사장이 된다.

자기 집 창고에서 사업을 시작한 허진규는 세계 3대 공업용 다이아몬드 생산업체인 일진그룹 창업자가 된다.

하루에 2~3천 원의 수입을 올리던 동네 치킨집 사장 권원강은 교촌치킨 창업자가 된다.

레코드 총 취입곡 중 무려 2,447곡을 히트시키지 못한 가수의 이름은 나훈아다.

계속적인 흥행 실패로 아침부터 소주를 들이켜야 했던 강우석은 후일 한국 최고의 영화감독이 된다.

대학 입시에 실패하고 강원도에서 빈대떡 장사를 하던 한 청년은 아시아 최고의 배우가 된다. 그의 이름은 배용준이다.

서울 진출에 실패하고 서울역 근처의 한 가게에서 차비를 빌려 고향으로 내려가야 했던 한 무명가수는 한국 최고의 발라드 가수가 된다. 그의 이름은 신승훈이다.

영하 10도의 날씨에 알몸으로 밖에 나가 "나는 할 수 있다!"라고 외치던 한 무명배우는 대한민국에서 가장 유명한 배우 중 한 명이 된다. 그의 이름은 전광렬이다.

단 5분 출연을 위해 일주일 동안 죽어라 연습하지만 아무런 주목도 받지 못하는 현실에 좌절한 나머지 방송국을 뛰쳐나온 한 청년은 한국 최고의 MC가 된다. 그의 이름은 유재석이다.

중국집에서 자장면을 배달하던 한 청년은 한국 최고의 가수

겸 배우가 된다. 그의 이름은 임창정이다.

예선 통과도 실패해서 벤치 신세를 져야 했던 한 골프선수 지망생은 세계적인 골프선수가 된다. 그녀의 이름은 박세리다.

시골 골프 연습장에서 골프공을 줍는 일을 하던 가난한 고등학생은 세계를 주름잡는 골프선수가 된다. 그의 이름은 최경주다.

청년 시절 아버지에게 "넌 도대체 뭐하고 사는 놈이냐?"는 말을 들은 오카노 마사유키는 세계 최고의 하이테크 기술자가 된다.

만드는 제품마다 불량품 판정을 받던 기술자는 후일 세계 최고의 엔지니어가 된다. 그는 자신의 이름을 따 '혼다'를 창업했다.

뉴욕의 한 미용실에서 청소부로 일하던 한 처녀는 세계적인 가수가 된다. 그녀의 이름은 머라이어 캐리다.

영화판에서 단역을 전전하다 그마저도 따내지 못해 노동일을 했던 한 사람은 후일 세계적인 영화배우가 된다. 그의 이름은 해리슨 포드다.

친구들에게 말라깽이라는 놀림을 받고 괴로워하던 한 소년은 미스터 유니버스 대회에서 10번이나 우승한다. 그는 또 〈터미네이터The Terminator〉라는 영화에 출연하여 세계적인 스타가 된다.

삼류 클럽을 전전하던 한 무명밴드는 세계 최고의 밴드가 된다. 그들은 '비틀즈'라는 이름을 썼다.

참고 도서

1 《마덴 박사의 성공목표설정연습장》 오리슨 마덴 재단 | 오근영 역 | 현실과미래 (38~41쪽)

2 같은 책. (20~21쪽, 47~48쪽. 인터뷰 내용을 재구성했다.)

3 《선박왕 오나시스》 윌터 프라이 샤워 | 석광인 역 | 동서문화사 (93쪽)

4 같은 책. (95쪽)

5 《SUCCESS PARTNER 2004년 10월호》 조원기
《뉴스 프리즘: 21세기 성공 에세이 파블로와 선박왕 오나시스 2006년 11월 17일자》 이진우

6 《꿈을 도둑맞은 사람들에게》 잭 캔필드, 마크 빅터 한센 | 김재홍 역 | 현재 (66쪽)

7 《조선일보 A22면 2009년 5월 30일자》 장민석, 김상민 기자

8 《살아있는 역사》 힐러리 로댐 클린턴 | 김선희 역 | 웅진지식하우스 (121쪽)

9 《힐러리의 삶》 칼 번스타인 | 조일준 역 | 현문미디어 (134쪽)
《힐러리의 진실》 에드워드 클라인 | 서영조 역 | 행간 (96쪽)

10 《누구나 이해할 수 있는 상대성 이론》 일본 뉴턴프레스 | 뉴턴코리아 (104쪽)

11 《세상을 바꾼 다섯 개의 방정식》 마이클 길렌 | 경문사 (297쪽)

12 《누구나 이해할 수 있는 양자론》 일본 뉴턴프레스 | 뉴턴코리아 (44쪽)

이지성의 꿈꾸는 다락방 2

초판 1쇄 발행 2018년 8월 7일
초판 9쇄 발행 2025년 8월 20일

지은이 | 이지성

발행인 | 박재호
편집팀 | 김선경, 허지희
마케팅팀 | 김용범
총무팀 | 김명숙

디자인 | 김윤남
교정교열 | 윤정숙
종이 | 세종페이퍼
인쇄·제본 | 한영문화사

발행처 | 차이정원
출판신고 | 제2016-000043호
주소 | 서울시 마포구 양화로 156(동교동) LG팰리스 814호
전화 | 02-334-7932 **팩스** | 02-334-7933
전자우편 | 3347932@gmail.com

ISBN 979-11-88388-39-4 (04320)
979-11-88388-40-4 (세트)

이 도서의 국립중앙도서관 출판예정도서목록(CIP)은 서지정보유통지원시스템 홈페이지(http://seoji.nl.go.kr)와 국가자료종합목록 구축시스템(http://kolis-net.nl.go.kr)에서 이용하실 수 있습니다.(CIP제어번호: CIP2018022123)